メンタルヘルス・ライブラリー 41

「出逢い直し」の地域共生社会
ソーシャルワークにおけるこれからの「社会変革」のかたち
【上巻】

●中島康晴 著

批評社

＊装幀——臼井新太郎

はじめに

● ソーシャルワークと地域共生社会

　本書は、ソーシャルワークの実践家によるその方途と政策提言の書である。実践家でありながら、実践に拘泥することなく、理論や政策に対しても積極的に提言を試みていく。本書には大きく二つの目的がある。第一に、ソーシャルワークの根源論を展開し、ソーシャルワークのアイデンティティを確認することにある。そこで、懸案事項として浮上するのは、ソーシャルワークにおける「社会変革」の不在の問題だ。この「社会変革」の[*1]停滞を乗り越えるべく、すべてのソーシャルワーカーが関与するであろう地域包摂・地域変革の重要性と一つの方法を検証していきたい。

　第二に、この地域包摂に向けた展開において避けては通れない政策として「地域共生社会」を取り上げる。政府の狙う「地域共生社会の実現」[*2]の危険性と可能性に着目し、整理を行ったうえで、ソーシャルワークに依拠した、即ち、人間の権利擁護に資する真の地域共生社会を模索していく。

　このような遠大な題材を一冊の本にまとめ上げること自体が私の特質として難しく、結局は、紙幅を大きく超過してしまう。そこで、批評社の皆様のご厚意もあり、この一冊の書を『上巻』と『下巻』の二冊に両分のうえ出版する運びとなった。以上の経緯から、『上巻』と『下巻』に分冊さ

＊1　ソーシャルワークの「社会変革」については、凡例3参照。
＊2　「地域共生社会」「地域包括ケア」の表記については凡例10参照。

3

れているとはいえ、やはり本書は、ひとつの題材を取り上げた「一冊の本」である。よって、本書という場合、それは『上巻』『下巻』を同時にさす言葉となるだろう。

『上巻』では、ソーシャルワークの課題、特に「社会変革」とこの動きと深くかかわるソーシャルアクションに対して、その停頓の要因とそれを乗り越えるための方策を検討していく。そして、この「社会変革」の閉塞を打破するために、その対象として、マクロ領域や権力・権限保有者に限定的な従来型の方途にばかり頼るのではなく、すべてのソーシャルワーカーが避けては通れない領域、即ち、「人びと」の身近で継続的な社会環境としての地域へ着目することの切要性とその接近方法の指針を提示していきたい。[*3]

もう少し具体的に言うならば、この指針の狙いは、地域における人びとのアイデンティティや関係構造の変容を促進することの重要性を共通理解することとその方法を確立することにある。それは、地域で暮らす多様な立場の人びとによる「出逢い直し」を経由して、相互理解・学習を促進することで、その関係を排除から包摂へと昇華させていくことや、異なる立場にある他者と痛みや喜びを分かち合える地域社会を創出するための方途となる（『上巻』「三章『出逢い直し』による社会変革の促進」）。

他方で、殆どのソーシャルワーカーは、社会福祉関連法に基づく事業の運営主体に雇用されている。このような立場に置かれたソーシャルワーカーによる地域包摂・地域変革を伸展させていくためには、やはり、制度的な枠組みと連関させながら、その実践を後押しすることを考えざるを得ない。言うなれば、制度をいかにして、人間の権利擁護の「道具」として用いるのか、その戦略が求められることになる。そこで、避けては通れない主題として、「地域包括ケア」と「地域共生社会」が浮上してくる。「地域包括ケア」については、前著『地域包括ケアから社会変革への道程【理論

＊3　「人びと」という表記については凡例1参照。

編】【実践編】』（批評社）がこれに対する一定程度の役割を担ってくれていると考える。

そこで、本書では、「地域共生社会」に照準を定め、人間の尊厳保障に資する地域変革・地域包摂の展開を描いていく。そのために、まず、政府による「地域共生社会」を俎上に載せ、その危険性と可能性について整理を行う。そのうえで、『上巻』で描いていくソーシャルワーカーによる地域変革・地域包摂の方針を、「地域共生社会」とどのように関連づけ進展させていくのかについて議論を進めていきたい。

『上巻』の後段で指摘していくが、政府の意図する「地域共生社会」は、給付抑制や選別主義・限定主義に依拠しているという点において、野放図には受け入れられない問題を孕んでいる。よって、ソーシャルワーカーとしては、これを額面通りに用いるわけにはいかない。もしそうなれば、私たちの実践が、人間の尊厳保障と背理した結果を招きかねないからだ。よって、私たちには、この「地域共生社会」の負の側面に最大限注意を払いつつ、その可能性に着眼し、実践において進展させていくことが求められる。

そのために、『下巻』では、まず初めに、この負の要素と正の側面を丁寧に整理していく。次に、この整理をもとに、その欠陥を補い潜在力を開花させるための具体的な実践を、私たちの実践事例を題材としながら、考察していくことにする。このことによって、「地域共生社会」をすべての地域住民の尊厳が保持されたものへと誘うことができると思う。

最後に、真の地域共生社会の実現に寄与するソーシャルワークの展望について、ソーシャルワーカー（社会福祉士・精神保健福祉士）の養成カリキュラムや法における定義、専門職団体のあり方に対し、ややもすれば挑戦的な内容になるかもしれないが提言を行うこととする。なぜこのことが必要とされるのかと言えば、これらを変革していかない限り、「社会変革」を中核に据えたソーシャルワークの展開が、抑制され衰退している現下の事態を突破することができないからだ。以上のことから、現代のソーシャルワーカーには、この呪縛から解き放たれることと、真の地域共生社会を

はじめに　5

現実のものとする方法を確立していくこと、この両者の共同歩調をとることの必要性を主張していく。

　本書の立ち位置は、国家・世界領域の情勢を捉えながらも、飽く迄も、地域変容の方途を追究していくものとなっている。このことによって、ソーシャルワークにおいて沈滞が続いている「社会変革」にかかる展開を確立・伸張させ、私たちソーシャルワーカーの手に、本物のソーシャルワークを取り戻すことを志向するものだ。「社会変革」の捨象されたソーシャルワークが、ソーシャルワークとは呼ばれることはない。やはり、「その意味において、日本に本物のソーシャルワーカーはいない」のだろう[4]。この現状を超克するために、日本のソーシャルワークが目指すべき地点として、まずは、「社会変革」の実践を敷衍していくことが重要であり、そのためには、その起点にある地域変革・地域包摂の方途を明らかにしていかなければならない。本書の狙いはまさにここにある。

●高まるソーシャルワークへの期待

　そして、私は、この基盤の整備とともに、その先にあるソーシャルワークの展望を夢見ている。新自由主義の浸透により、「社会保障等」の人間の社会的権利を保持する制度・政策が減退し、貧困が蔓延しつつも固定化され格差が拡大している[5]。これに加えて、社会的連帯の希薄化と共にコミュニティは崩壊に向けた一途を辿り続けている。ノーム＝チョムスキーが指摘するように、いわゆる中道が先細り、「右」と「左」が同時に急増

＊4　ラジェンドラン＝ムース「アジアにおける日本のソーシャルワーカーの役割」第13回日本社会福祉士会全国大会・社会福祉士学会　記念講演　2005年6月4日サンポート高松
＊5　人間の暮らしや社会的権利に大きな影響を及ぼす「雇用・労働・教育・住宅・文化・芸術・自然環境保全・防災など」の制度・政策と社会保障を総じて「社会保障等」と表記する。社会保障に限定して用いる場合はこの限りではない。

している。*6 まさに分断社会の到来だ。

　この分断社会の只中で、家族や地域の機能が明らかな限界に到達しているにもかかわらず、本来であれば政府・自治体が対応すべき領域を、「自助」「互助」の名目によって、その責任を人びとに肩代わりさせようとしている。当然にこのような政策は、人びとの将来不安を助長していく。2018年9月に実施された特定非営利活動法人言論NPOによる調査でもこの点が如実に表れている。この調査では、人びとの将来に対する不安感の増大と、「政党」・「国会」・「政府」に対する信頼の瓦解が明らかとなっている。*7 このような混乱の渦中にある社会にどのような対処を施していけばよいのか、その手立てを社会は見失っている。そこに、少子高齢化が到来し、この悪循環を加速化させているのだ。

　ソーシャルワークは、そんな社会の道標になれるかも知れないと私は本気で考えている。旧来から限定主義・選別主義に依拠してその対象者を求めてきた社会福祉であるが、いまや時代背景をもとに、教育・司法・住宅・雇用・多文化・環境の分野にまでその役割が希求されるに至っている。ソーシャルワーカーの活躍の場は、これからも確実に拡張していくだろう。

＊6　國枝すみれ「論点　民主主義の行方　インタビュー　ノーム・チョムスキー　アリゾナ大教授(言語学)」『毎日新聞』2019年1月11日「世界で起きているのは中道勢力の衰退だ。右翼だけでなく、左翼も勢力を拡大している。ドイツの左派『緑の党』への支持が急伸しているし、サンダース米上院議員やコービン英労働党党首への支持も拡大している」。

＊7　例えば、「日本の将来をどのように見ているか」の項目では、「日本の近い将来を予測してもらったところ、『今と変わらない』(34.2%)との回答が最多となるが、『今よりも悪くなる』との回答も32.8%にのぼり、両方の回答が3割を超えて拮抗している。『今よりもよくなる』は10.3%と1割にすぎない」とある。また、「民主主義体制を支えるどの機関を信頼しているのか」との問いに対しては、「日本国民が最も『信頼していない(「全く」と「あまり」の合計)』機関は、『宗教団体・組織』(70.6%、5〜6月：66.9%)である。これに『政党』(66.3%、5〜6月：71.2%)、『国会』(61.9%、5〜6月：67.4%)、『政府』(56.8%、5〜6月：61.2%)、『メディア』(53.3%、5〜6月：55.5%)、『首相』(52.5%、5〜6月：57.4%)までが5割を超えている」としている。特定非営利活動法人言論NPO「日本の国民は、自国や世界の民主主義をどう考えているのか——日本の民主主義に関する世論調査／有識者調査——」2018年11月21日 http://www.genron-npo.net/future/archives/7106.html

そして、この背後には、社会福祉の対象者における選別主義から普遍主義への変換がある。このように考えれば、これから述べていく先進国の実情と同様に、「社会福祉」という言葉自体用いることをやめた方がよい時期に来ているのかも知れない（『上巻』「四章　ソーシャルワークの中核に位置する『社会変革』」）。井手英策は、このような人間のニーズに対応するサービスのことを「ベーシック・サービス」と言っている[8]。ソーシャルワーカーの対象は、社会福祉からこの「ベーシック・サービス」への転換を迎えているのだ。

　これに相まって、本格的な労働力人口の減少が始まるなか、翻って、社会福祉人材は増大の一途を辿っていく。労働力人口は、女性と高齢者の就業率の向上を巡って、昨今までそれほど減少せずに保たれてきたが、今後急激な減少に見舞われる可能性が否めない[9]。そんななか、必然的に確保を進めなければならないのが社会福祉人材となる。このことによって、政治や行政領域においても、社会福祉専門職の存在意義が今後ますます高まっていくことに疑いの余地はない。

　上記は、ソーシャルワーカーに限定的な話ではなく、社会福祉専門職の台頭の可能性を示した記述であるが、その中核的な役割を担うのがソーシ

---

[8]　ここでいう「社会福祉」を超えたサービスが、以下の「ベーシック・サービス」と符合することが確認できる。「僕たちは、社会の分断を解消するために、社会のメンバーに共通するニーズを探しだし、そのために必要な財源をみなで負担しあう道を模索しなければならない」。「すべての人びとが必要とする／必要としうる可能性があるのであれば、それらのサービスはすべての人に提供されてよいはずである。また、そのサービスは、人びとが安心して暮らしていける水準をみたす必要がある。これらを『ベーシック・サービス』と呼んでおこう」。井手英策（2018）『幸福の増税論──財政はだれのために』岩波新書、PP.83-84

[9]　この点、中西寛は以下のように的確な現状認識を示している。「平成10（1998）年ごろには15歳以上65歳未満の生産年齢人口が減り始め、平成20年ごろには日本の総人口が減少し始めた。これに対して労働力人口は平成の後半以降ほぼ横ばいだ。労働力人口は15歳以上で報酬のある仕事をしたり、その意欲のある人と定義されるので、専業主婦が報酬を得る仕事をするようになったり、高齢者が引退せずに雇用されたりすることで維持されてきたのである」。中西寛「時代の風　無意識の壁を取り払う　「国語」と「日本語」の間」『毎日新聞』2019年1月13日

ャルワーカーであることは明々白々であろう。なぜならば、児童・障害・高齢・貧困・司法・教育・雇用・住宅などの非常に多岐にわたる分野にソーシャルワーカーは従事しており、かつ、こちらの方がより核心的だが、社会環境の変容をその仕事の射程に収めている唯一の専門職であるからだ。この点を鑑みても、行政機関の指導者、政治家、評論家の間に、ソーシャルワーカーが台頭する日はそう遠くはないだろう。ソーシャルワークの「社会変革」の可能性は日増しに高まっているのだ。

●好機をつかむために

　他方で、多くのソーシャルワーカーは、このことに気がついていないように思われる。津々浦々でその実践を展開しているソーシャルワーカーは、眼前の仕事に傾注し、社会環境への意識が決して高いとは言えない状況にある。そのような仕事ぶりでは、当然の帰結として、「社会変革」へ意識が向かないし、上記の好機など見落としがちとなるのだろう。

　であればこそ、ソーシャルワークの未来にあるべき雄飛を成し遂げるためにも、ソーシャルワークの「社会変革」の進展は決して欠くことのできない一里塚となる。これを敷衍することによってこそ、ソーシャルワーカーに社会環境への着目とこの時代の好機に対する自覚を促せるからだ。よって、本書の大きな要旨は、将来の「社会変革」の担い手の「一人」としてソーシャルワーカーを位置づけつつも、その道筋に乗るためには、ソーシャルワーカーが社会環境に関心を寄せることと同時に、その変容力を併せ持つ必要があることを示していくものとなる。

　さらに言えば、ソーシャルワークによるこの「社会変革」を勃興するためには、すべてのソーシャルワーカーが避けては通れない地域社会への働きかけを明らかとする必要があるだろう。かてて加えて、ソーシャルワーカーが、「支配的な思想」「優位的価値規範」を含意した社会環境に対して、

はじめに　9

物怖じすることなく対峙するためには、不当な扱いに対する怒りや理不尽な出来事を決して看過しないという確たる信念及びその不条理を「人びと」の視座から穿つ社会構造への理解、即ち、社会学と障害学の知見が不可欠となる。

● 多様な方途を併せ持つ「社会変革」

「社会変革」の伸展に向けた大きな趨向は、不当に対する怒り、社会構造への着目と理解、地域包摂・地域変革の取り組み、制度・政策・「優位的価値規範」への働きかけ、国家・世界領域の変革という流れが一つ想定されるのではないかと勝手ながら考えている。もちろん、これらはすべて直結しているがゆえに、個別の実践場面において、どの範疇に焦点を合わせても問題はない。また、必ずこのような順序で進めるべきものでもない。例えば、不当に対する怒りからいきなり国家・世界領域の変革へ働きかける実践もあり得るだろう。

ここで私が示した潮流は、飽く迄も一つの形象にすぎない。しかし、私のなかにこのような心象があることを既知いただいていれば、本書のその時々に描かれている事柄から表出される以下で示すような矛盾点を然程感じず読み進めていけるかも知れない。特に、『下巻』においては、政府による「地域共生社会」から、地域における個別支援の展開、そして、最後に広い視野におけるソーシャルワークの展望を描いていくため混乱が生じてしまう恐れがある。

例を挙げれば、「怒り」に委ねて闘争・糾弾するだけの社会変革は従来型であり、その実践に陥穽があると言いながらも、一方では、この「怒り」の重要性を主張していたりもする。セクト主義や排外主義、イデオロギーに依拠した従来型の「社会変革」に批判的な論及をしながらも、このような「社会変革」の切要も同時に説いてもいるのである。

このような矛盾点はどこから生起されているのだろうか。それは、「社会変革」が、決して、定型化された一つの方途を指すものではないことに依拠している。つまり、「社会変革」は、ソーシャルワーカー自身の個性・専門性やソーシャルワーカーの置かれている状況（制度や所属組織の体質など）、また社会の成熟度に応じて、その都度方法を変遷させていくべきものとして捉えておく必要がある。このことは、ソーシャルワークが、「アート（art）」であり、マニュアル化できるものではないと言われてきた証左ともなる。

　社会に一定の理解や成熟がみられるにもかかわらず、旧態依然とした「怒り」を基盤とする高圧的・闘争的な接近では、却って、論議が深まらず、皮相的な変革や対立の固定化に終始してしまう恐れがある。他方で、社会構造における本質を踏まえることなく、目先の経験的価値に心を奪われ技術論や方法論に傾注してしまえば、「優位的価値規範」への迎合と問題の潜在化に"寄与"してしまうだろう。このように「社会変革」には、なかなか言語化の難しい妙が含意されている。

●「社会変革」という言葉の取り扱い

　本書は、一貫して「社会変革」を中心に描いていく。しかし、言わずもがな、「社会変革」の主たる担い手は人びとであって、ソーシャルワーカーではない。「ソーシャルワーク（専門職）のグローバル定義」にもあるように、ソーシャルワーカーは、「社会変革（中略）を促進する」立場にあるわけだ。そのことを前提としつつ本書では、表現上の煩雑さを避けるために「社会変革」と表現している。しかし、このことは忘れてはならない重要な観点である。

　さらに言えば、「社会変革」という言葉自体が、その実践を妨げる可能性を孕んでいると言えなくもない。変革という言葉は、「革命」の負の側

はじめに　　11

面を彷彿させる手垢の付いた言葉でもあるからだ。「変革する側」にとっては、自らを鼓舞することのでき得る言葉かもしれないが、「変革される側」にとってみれば、自らを外圧的に変えようとする勢力を認識するわけで、このことは確実に、変革に対する抵抗を生み出すだろう。この観点からすれば、地域変革といわれて、喜ぶ地域住民も少ないに違いあるまい。

　しかし、やはり社会は絶えず変革してこそ維持されるものである。環境の変化と人びとの思想の変遷によって、社会は絶えず変化を遂げていく。第40代ウルグアイ大統領のホセ＝ムヒカの言葉を借りれば、「民主主義がすばらしいのは、永遠に未完成で、完璧にもならないからだ[10]」。このように私たちの社会には絶え間のない変化が求められている。よって、「社会変革」とは、何も特別な事柄ではない。今まさに社会は変革を続けているのである。

　しかし、その変化は時に人間性の毀損へと向けられることもある。まさに、「すべての発展というのは変革を意味するが、すべての変革は発展であるわけではない[11]」からだ。この点に、ソーシャルワーカーは鋭敏に反応しなければならない。その変革が、人間の尊厳保障に連なるのか、その逆であるのか、私たちには、その結果に対する責任を抱きながら実践を展開していく使命がある。そこで、ソーシャルワークの「社会変革」で最も忘れてはならないのが、「排除される側」から社会を捉えることにある。パウロ＝フレイレは、「被抑圧者」の「強み」ともとれる以下の事項を指摘する。

　　「抑圧されている人たちよりも、抑圧的な社会の恐ろしさを理解できる者がいるだろうか？　抑圧される者から生まれる力だけが、両者

＊10　ホセ・ムヒカ（2015）『世界でいちばん貧しい大統領からきみへ』（くさばよしみ訳）、汐文社、P.50

＊11　パウロ・フレイレ（2011）『新訳　被抑圧者の教育学』（三砂ちづる訳）亜紀書房、P.265

を共に解放する強さをもちうるということを、抑圧された者以外によく知っている者が、他にいるだろうか？　自由の必要性を、彼らよりも切実に理解できる者が、どこにいるだろうか？　解放は偶然にもたらされるものではなく、解放を求める実践を通して、その闘いの必要性を認識し、再認識することによってはじめて解放に向かっていく[12]」。

　そのことを念頭に置きつつも、確かに、ソーシャルワークが「社会変革」という言葉を用いる必要はないのかも知れない。社会が変遷することは当たり前のことであるし、人びとが忌避する素地の含まれた「社会変革」を敢えて用いる必要もないのだろう。また、上記のように、社会が誤った方向に流れないよう歯止めをかけることも「社会変革」には求められている。変化を留めることによって、人びとの人権を擁護するという観点だ。安倍政権による「特定秘密保護法」「安全保障関連法」の施行や「組織的犯罪処罰法」の改定などはこの代表的な対象となるだろう。今後私たちは、「社会変革」に代わる言葉を探求していく段階に入るのかも知れない。

　しかし、1982年から国際定義の俎上に載せられてきた「社会変革」に対する議論の進展とこれに対する一定の共通理解の形成無くして、次の「段階」に進むことは許されないように思う。ソーシャルワークの中核にあるともいえる「社会変革」に対する共通理解の欠如は、確実にソーシャルワークの弱体化に逢着するからだ。よって、「社会変革」という言葉が孕む問題を踏まえながらも、本書では、まずは、衰退した「社会変革」の再興をはかるために筆を走らせることにする。第一義的には、ソーシャルワークが意図するべき「社会変革」の内実について、大々的な議論を伸展させ、協議の機会を敷衍し、共通理解の確立を志向していく。「社会変革」という言葉の問題を緩和していくための取り組みは、その先にあるべきだと考えているのだ。

＊12　パウロ＝フレイレ（前掲＊11）P.24

はじめに　　13

もちろん最終的には、如上で記した「社会福祉」と同じく、「社会変革」の実相を普遍化させ、その言葉を使う必要のない時代も視野に収めていくべきだろう。繰り返しにはなるが、ミクロ・メゾ・マクロあらゆる領域における社会構造の変革は、これからも、ソーシャルワークと人間の尊厳保障において不可欠となる。よって、「必要のない」と述べたのは、わざわざ「社会変革」という言葉を使うまでもなく、これを別の言葉に置き換えるなどして、当たり前のこととして展開できるようにすべきだという意図にある。

　実は、本書で示していく「出逢い直し」は、まさに、ソーシャルワークの「社会変革」と符合するものだが、それを「社会変革」といわずとも、確実にメゾ領域の変革がなされていく点に特徴がある。まさに「出逢い直し」は、「社会変革」の普遍化へと連なるだろう。今後このような「社会変革」に代わる言葉を私たちは模索しなければならないが、当面やるべきこととしては、「社会変革」のあるべき姿を確立し共通理解を果たすことが求められる。目指すべき未来の目標を視野に入れながらも、本書は、このことに貢献していこうと考えている。

●人間の権利擁護に立ちはだかる二つの壁

　本書の題目「地域共生社会」における「共生」という言葉は実に便利な言葉でもある。「共に生きる」と単純に解釈してしまえば、その地域・国・世界において、すべての人間が一緒に暮らしていることだけをもって、「共生」がなされていると釈義できなくもない。この定義に従えば、独裁者と奴隷も「共生」することが可能となってしまう。よって、私たちは、そこに暮らす人びとの関係に焦点を合わせる必要がある。その関係に照らして、すべての人間の尊厳がどの程度保持されているのかを問うていかなければならない。であるならば、私たちの志向する共生には、地域で共に暮らしているだけの状態を指す「共住」ではく、互いの存在が尊重され、その尊

厳が守られている「共存」もしくは、「共尊」という様態が含意されていることになる。

この「共存」「共尊」を実現していくために必要なこととして、本書では、二つの障壁を乗り越える必要を明示していく。一つは「社会保障等」の減退であり、今一つは社会的連帯の希釈という「障壁」だ。前者に対する提言も当然に行うが、本書のもう一つの主題である「出逢い直し」は、主に後者に照準を定めたものとなる。特に後者は、制度・政策からの接近だけでは改善・変容のし難い領域であり、であるがゆえに、ソーシャルワークの実践が希求されている対象であるといえるからだ。

印刷技術の発展から電子メールや SNS（social network service）などの伸張、そして、自動車の驚異的な普及によって人びとの「出逢い」の機会が低減している。[*13] 多様な価値観や立場の共通理解は、様々な他者との対話やかかわり、共体験によって培われるものだが、私たちの社会では、その機会が極端に奪われている。少なくとも日本においては、統計上 10 人に 1 人は障害者であるが、多くの健常者は、10 人に 1 人の障害者の友人を有していない（『上巻』「二章　人間の尊厳保障を阻むもの」）。確かに、障害者と健常者は、同じ地域で暮らしている。しかし、その両者は「出逢って」いないのである。

このような「出逢いの不在」とも呼べる状況と他方で「出逢いの失敗」というべき事態が市井に溢れつつある。「出逢いの失敗」とは、それまで「出逢って」いない人たちが、認知症・障害・疾病等の暮らしの困難を通じて「出逢う」様態を指す。それは、認知症の BPSD（Behavioral and Psychological Symptoms of Dementia：BPSD「認知症の行動と心理症状」）や障害の「陽性症状」、疾病によるストレスなどによって、「人びと」が冷静に他者と向き合うことのできない状況下で、はじめて「人びと」と地域住民が「出逢う」ような場面にあたる。このような「出逢いの失敗」と「出

＊13　「出逢い」と「出会い」の使い分けについては凡例 2 参照。

逢いの不在」を乗り越える方途が「出逢い直し」という概念である。本書では、この「出逢い直し」の理論的裏打ちの確認と同時に具体的実践の検討までをも展開していく。

　だたし、誤解を回避するために主張しておきたいことは、このことが、もう一つの障壁としての「社会保障等の減退」を度外視するものではないということだ。例えば、政府におけるソーシャルワークの議論の際も、「ニーズの多様化・複雑化」という表現が多用されている。[*14] しかし、生活保護による保護率（利用率）・捕捉率の低さや相対的貧困率の高さを鑑みれば、私たちが、「ニーズの根源化・本質化」した問題においてさえも、未だ手付かずのまま放置している実態が浮き彫りとなるはずだ。

　また、人権問題を凝視していけば、滞日外国人・LGBTQ・高次脳機能障害者・発達障害者など、今までもそのニーズは確然と存在していたが、社会が黙殺し等閑に付してきたものが顕在化したに過ぎないものも多く含まれている。よって、これらの領域では、「ニーズの表出化・顕在化」という方が、むしろ、実態に即しているといえるだろう（『下巻』「第七章　「地域共生社会」の危険性と陥穽」）。

　加えて、「ニーズの多様化・複雑化」は、日本の社会福祉が、基礎的社会福祉の段階を解決し、次の段階に進化しているという心象を流布することへと連なるだろう。しかし、現実には、この本質的な社会福祉そのものも毀損され、放置されたまま社会は進捗しているのである。

　以上みてきたように、「社会的連帯の希釈」への対応、即ち、社会包摂や地域包摂、「出逢い直し」などを強調することによって、未だに十分な解決をみていない根源的社会福祉の問題を粉飾化・隠蔽化させるようなことがあってはならない。従来からあるこのような根源的なニーズに加え、先述の抑圧・黙殺され続けてきたニーズに対する論点ずらしともとれる「ニーズの多様化・複雑化」の強調は、確実に社会福祉の退歩と人間性の毀損

＊14　厚生労働省　社会保障審議会福祉部会　福祉人材確保専門委員会「ソーシャルワーク専門職である社会福祉士に求められる役割等について」2018 年 3 月 27 日

へと連なるからだ。社会福祉の不在に対するこれまでの罪を、清算することなくその反省もないままに、このような根本的な問題を度外視しつつ、次の段階に"昇格"しようとしているという点において、「ニーズの多様化・複雑化」という捉え方は、殊に悪意に満ちた表現であるとさえ判じることができるだろう。

　話をもとに戻すが、人間の尊厳を毀損する二つの障壁、この双方に対する介入が、ソーシャルワークに求められている。そのことを前提としつつ、多くのソーシャルワーカーの実践と関連する「社会的連帯の希釈」にかかる領域に焦点を定めるのが本書である。しかし、焦点化の均衡・強弱のあり方如何によらず、このような人間の尊厳保障に向けた地域共生社会の実現を担う中核的人材が、ソーシャルワーカーであることに疑念を挟む余地はないだろう。この地域共生社会へ接近するためには、社会の変容を促進していかなければならず、制度・政策への介入やその他個別の実践領域であれ、ミクロ・メゾ・マクロのどの領域であっても、その変化を促進する専門職は、ソーシャルワーカーを措いて他にはいないからだ。少なくとも、ソーシャルワーカー以外で、「社会変革」によって明確に定義づけられている専門職の存在を私は認識していない。このことを逆説的に捉えたならば、ソーシャルワークが中核に置かれていない地域共生社会は、画餅に帰すことになるといえるだろう。

┌───┐
│ ●ソーシャルワークの確立と人間の尊厳保障のために │
└───┘

　このように考えれば、真の地域共生社会の実現のためにはソーシャルワークが不可欠であるし、また、ソーシャルワークの伸展に対しても真の地域共生社会がその端緒となり得ることが確認できる。このようなソーシャルワークと地域共生社会の相補性を発揮させることで、人間の権利擁護を地域から社会へと敷衍していく。これこそが本書の描くべき光芒となる。

そのためには、政府の示す「地域共生社会」を上記のように機能させていくためのソーシャルワーカーによる努力が求められるはずだ。これは、制度・政策を運用・実践面において改良していく試みでもある。『下巻』では、このための方策について踏み込んで論及していく。

　如上で叙述したように、「地域共生社会」には、対象者の選別化・限定化や地域住民のサービス提供者化を軸足に据えた費用抑制が内含されている。だからといって、私たちは、この「地域共生社会」を度外視することなど決してできないだろう。それは、多くのソーシャルワーカーが、社会福祉関連法の事業を運営する主体に雇用されているためだ。もちろん、このような状況下において、社会の変革を促すことは決して容易なことではないかも知れない。しかし、これを志向しなければ、私たちは、ソーシャルワーカーではなくなってしまう。

　よって、これからのソーシャルワーカーには、制度・政策にどの様に使われるのか、ではなく、実践領域においてこれをどのように運用していくべきか、その姿勢と創造力が問われてくる。さらに言えば、その実践の堆積によって、制度・政策の再生産・再創造を促す提言力も求められるだろう。他方で、自明の理として、ソーシャルワーカーが社会化されている以上、制度や政策を使っているつもりが、単に利用されているだけの状況に陥ることも十二分に想定される。であるがゆえに、このことを回避するためのスーパービジョンやコンサルテーション、ネットワーキング、コーディネーションの機能はその要諦となるだろう。以上の視座と方途の確立なくして、多くのソーシャルワーカーが、「社会変革」、即ち、ソーシャルワークを伸張させることは難しい。

　従って、本書では、多くのソーシャルワーカーが遭遇しているであろうこのような現実的場面におけるソーシャルワークの「社会変革」を後押しするための方途の開発を問題意識の核心に置いている。特異な立場にあるソーシャルワーカーが、その彼にしか成し得ない「社会変革」を追究するのではなく、多くのソーシャルワーカーが、彼らの置かれている状況下に

おいても、発揮し得る「社会変革」を顕現させようとするものである。な
ぜならば、一部のではなく、実に多くのソーシャルワーカーが、「社会変革」
を手中に収め、真にソーシャルワーカーとなることなくして、ソーシャル
ワークの確立も人間の権利擁護もどうりで実現し得ないからである。

はじめに　19

凡例

1. 社会福祉領域において、「利用者」「クライエント」「当事者」などと呼称されている人びとのことを「人びと」と表記することにする。その理由としては、これらの呼び方が、選別主義に依拠していることに加え、専門職の「人びと」に対するパターナリズムや専門職の権威主義にも連なっていると認識しているからである。ここでは、選別主義ではなく、普遍主義に準拠して「人びと」と捉える事由について若干触れておく。現在社会福祉従事者は概ね400万人、2025年には約500万人に到達する[*1]。そのサービスを利用する人たちは、1000万人以上[*2]、その家族は推計1490万人以上[*3]、これに加え、現時点では不要であっても、やがてこのサービスを必要とする人びともいる。この様に考えれば、社会福祉サービスに従事する者と「人びと」の家族を含め、サービスを必要とする「人びと」は、何ら特別な人たちではなく、すべての人びとが必然的にそこに連関するとの認識が不可欠だ。つまり、社会福祉の領域は、一切の人びとが当事者性を含意して取り組むべき領域といえる。ただし、カギ括弧を付けて「人びと」と表記するのは、表現の方法として、文脈によっては、すべての人びとと分けて用いる必要があることによる。

2. 本書では、「出逢い」と「出会い」を次のように使い分けて用いることにする。

---

*1　まず、福祉・介護サービスに従事する者は、2005年時点で約328万人（「社会福祉事業に従事する者の確保を図るための措置に関する基本的な指針」〈2007年8月28日厚生労働省告示第289号〉）。この328万人に、医療・行政機関の従事者が含まれているのかは不明。加えて、介護保険制度の施行後、介護職員数は増加し、10年間で倍以上となっているが、2025年には、介護職員はさらに1.5倍以上（約100万人）必要と推計されている（2010年度133.4万人 ⇒ 2025年度237〜249万人）（「介護人材の確保関係」社会保障審議会 介護保険部会（第45回）2013年6月6日）。

*2　福祉施設・事業者利用者420万人以上（「平成27年社会福祉施設等調査の概況」から算出）、介護保険事業利用者約563万人（「介護保険事業状況報告の概要〈平成28年9月暫定版〉」より算出）を合わせると983万人以上ということになる。また、この数字には、児童相談所や福祉事務所等の行政サービスや、医療・教育・司法分野における社会福祉サービスを必要としている人びとは含まれていない。

*3　単純に平均世帯人員（2.49〈「平成27年　国民生活基礎調査の概況」〉）を乗じた人数を使用した。

「出会い」には、偶発的なものや非意図的なもの、挨拶程度のかかわりの密度の低いものを想定しているが、「出逢い」は、その範疇にとどまらず、より積極的に、互いの存在を認識しながらなされるものとし、であるがゆえに、そのかかわりの密度はおのずと高くなるものとして捉えていく。

3. ソーシャルワークにおける「社会変革」の主体は、「人びと」や「地域住民」等にあることは言うまでもない。であればこそ、「社会変革の促進」こそが、ソーシャルワークの役割となる。他方で、すべてにおいて「社会変革の促進」と記せば、表現における煩雑さが生じるため、敢えて、「社会変革の促進」を「社会変革」と表記している。これに加えて、「社会変革」が意図しているものは、何も変革や創造だけではない。社会が、人間の権利侵害や人間性の破綻へと向かう事態があるならば、それを踏み止まらせる意味も含意している。この場合は、むしろ、社会を変革させないことが、その実践の目標となるだろう。このように、「社会変革」をひろく「社会に対する介入（働きかけ）」として捉えていく。

4. 私は平素より、ミクロを「人びと」と「人びと」を直接ケアする人びと（家族構成員・施設等職員）の範囲に据え、メゾを「人びと」からみて、その先にある直接的社会環境としての組織（家族・施設等）に加え、自治会の組・班から自治会・小中学校区・支所・市町村・都道府県に至る地域とし、マクロを国家・政府（行政）・世界・「社会の優位的な価値規範」（支配的な思想）の範疇としてそれぞれ捉えることにしている。その理由としては、「社会福祉士養成テキスト」などで昨今よく見受けられるような組織（施設等）を「メゾ」、地域を「マクロ」にすれば、組織（施設等）と地域の分断に繋がることや、「マクロ」領域への変革に及び腰な日本のソーシャルワークにあっては地域変革の停滞へと帰着することを危惧しているためである。

5. 人間の社会的権利を保持するために必要な社会保障を中心とした（雇用・労働・教育・住宅・文化・芸術・自然環境保全・防災などを含む）制度・政策を総じて「社会保障等」と表記する。社会保障に限定して用いる場合はこの限りではない。

6. 同じ地域に住んでいるだけの人たちの関係を「共住」、同じ地域に住む人たちが人間としての尊厳を相互に認め合うことができる関係を「共存」と表記する。

7. 「越える」と「超える」について次のように使い分ける。同じ時代を生きる人びと同士が分野・領域・集団・階層・圏域などの「境界」について「越える」と表現するが、世代や時代の「境界」は「超える」と表現する。双方の意味を併せ持

つ場合は、「超える」と記載する。

8. 昨今「福祉」という表記が数多みられるが、本書では、なるべく「社会福祉」という表現を用いる。理由は、「社会」という認識が極めて重要な時代にあると観取しているからである。

9. 「介護」と「福祉」を分けて記載することなく、「社会福祉」と表現する。文脈によっては、「介護を含む社会福祉」といった表記となる。例えば、「福祉・介護人材確保対策」などという表記が多々見受けられるが、「福祉」から「介護」を離して議論する理由が私には理解できない。「介護」は、明らかに「社会福祉」のなかの一領域であるので、敢えて、このことの共通理解を促すためにも、「社会福祉」と表現しておく。

10. 政府による報告書等で示されているものとして扱う場合は、「地域共生社会」「地域包括ケア」という具合にカギ括弧をつけて表記する。これとは異なって、ソーシャルワークが志向すべきもの（人間の権利擁護に資するもの）については、カギ括弧を外して表現することにする。

11. 「生活」をなるべく「暮らし」と表現する。「生活」という言葉には、「生きる活動」や「生計を立てる」などの「活動を前提」としていることや、経済的意味合いが色濃く内含されている。生産性・効率性や活動の有無にかかわらず、人間の存在保障の観点からは、この「生活」よりも「暮らし」の方が言葉として相応しいと判じてのことだ。

12. 「開く」と「拓く」の双方の意味を併せ持つという意で「ひらく」と表記する。

13. 「地域包括ケア」を、「地域ケア」「コミュニティケア」と同義語として用いることにする。それは、混乱を極力避けるためであり、各々の定義を鑑みても、そう表現して差し支えないと判断するからだ。

14. 「障害者」における「障害」を、「障害者」の内部にあるものとしてではなく、障害者による社会的権利の遂行を阻害する社会環境にある障壁として捉えていく。よって、それを敢えて、「障がい者」とする必要のないことから「障害者」と表記する。

「出逢い直し」の地域共生社会

ソーシャルワークにおけるこれからの「社会変革」のかたち　【上巻】

MHL 41

目　次

index

はじめに

- ●ソーシャルワークと地域共生社会　3
- ●高まるソーシャルワークへの期待　6
- ●好機をつかむために　9
- ●多様な方途を併せ持つ「社会変革」　10
- ●「社会変革」という言葉の取り扱い　11
- ●人間の権利擁護に立ちはだかる二つの壁　14
- ●ソーシャルワークの確立と人間の尊厳保障のために　17

凡例

一章
なぜ「社会変革」は伸展しないのか

- ●新自由主義に対する抵抗の歴史　26
- ●「従来型」による「社会変革」の陥穽　33
- ●これからの社会変革の端緒をさぐる　62
- ●地域で「共感」を創出する「社会変革」への挑戦　69

二章
人間の尊厳保障を阻むもの

- ●人間の尊厳を毀損する2つの視座　80
- ●経済効率の追求が人間の暮らしを破壊する　83
- ●社会的連帯の希釈が人間の尊厳を毀損する　99

三章

「出逢い直し」による社会変革の促進

113

- ●「出逢い直し」のすすめ　113
- ●「社会変革」の障壁を乗り越える視座　131

四章

ソーシャルワークの中核に位置する「社会変革」

157

- ●ソーシャルワークの要諦　157
- ●「人間の解放」とは何か？　170
- ●すべてのソーシャルワーカーが免れ得ない「社会変革の対象」　185
- ●ソーシャルワークを伸張させるための政策　197

五章

「地域共生社会」の背景にあるもの

207

- ●政府の志向する「地域共生社会」をみる　207
- ●「地域共生社会」の背景にあるもの①
  人間を手段化する政策　210
- ●「地域共生社会」の背景にあるもの②
  費用抑制論に依拠した「地域包括ケア」と「新福祉ビジョン」　216

あとがき

231

> 一章
> # なぜ「社会変革」は伸展しないのか

> ● 新自由主義に対する抵抗の歴史

「人びと」に「自由」を付与して突き放した社会福祉基礎構造改革[*1]

　1990年代後半から2000年にかけて社会福祉関連法の変更が一気になされた社会福祉基礎構造改革から20年の歳月が流れようとしている。政府の役割を後退させ、民間への移転を促進した上で、市場原理のもと経済の効率性と生産性の向上をはかろうとするこの新自由主義に依拠した潮流は、20年の歳月を前にして色褪せるどころか、確然としながらも、まるで無色透明のごとく蔓延し、あたかも、この社会のあり方を議論する際の前提条件であるかのように私たちの暮らしを浸食し続けている。

　政府と自治体が、社会福祉サービスの内実と質に対して責任を有していた仕組みから、サービス提供事業者と「人びと」による「利用契約」が前面に押し出されることによって、その役割の後退が顕著となった。「措置制度」や「行政処分」といった人びとが耳障りに感じる言葉を流布し、その逆に、「個人の自立を基本とし、その選択を尊重した制度の確立」（自己選択）や「利用者の立場に立った社会福祉制度の構築」（利用者本位）を促進するのだと囁かれながら社会福祉基礎構造改革は遂行されてきた。[*2]

＊1　「人びと」という表記については凡例1参照。
＊2　「社会福祉基礎構造改革について（社会福祉事業法等改正法案大綱骨子）」2000年4月施行（一部は2003年4月施行）厚生省

当然、「自己選択」や「利用者本位」を否定する人間はいないだろう。ただし、自らの暮らしにおいて他者の支援を必要とする「人びと」に対し、政府と自治体の役割を減退させて「自由」を保障すれば、それが一体どのような結末を招くのか、想像を巡らせておく必要があったのではなかったか。このような議論の浅薄さが、現在の社会福祉に大きな禍根を残しているように思えてならない。

　この議論にかかる期間、大学生から入職して間もない新人ソーシャルワーカーであった私は、これに対して十分な抵抗ができる立場にはなかったが現在は違う。今まさに、私たちには、次世代のソーシャルワーカーへ向けた責任が問われている。現代における私たちの抵抗・変革・創造のあり方が、次世代のソーシャルワーカーに多大な影響を及ぼすのである。

　結局のところ、社会福祉基礎構造改革が、暮らしに困難を抱えている「人びと」に、「自由」を与えて突き放す社会を目指していたことに疑念の余地はない。「自己選択」や「自由」を担保すると言えば、聞こえが良いが、その実相は、「自己責任」を進展させ、「人びと」を見放すことへと結実する。まさに、そのことが困難である「人びと」に向けて、「自活」と「自助」を促すという惨忍な制度の進捗として捉えることができるだろう。その先にあるのは、自由でも自己選択でもない。家族や地域住民、そして、専門職によって強要・誘導される似非「自己選択」の道しか残されていないのである。北欧の社会福祉国家にみるように、真の自由とは、政府と自治体の責任ある関与によって担保されるべきものなのだ。

　もちろん、社会福祉基礎構造改革は比較的昨今を象徴する出来事に過ぎず、遡れば、1960年代の臨調・行革路線から生まれた「福祉見直し」「日本型福祉社会」論がある。相澤譲治によれば、これらは、政府の責任回避を目的とした政策であり、「個人と家族による自助努力」と「地域の相互扶助」「企業内福利厚生」を基盤としつつ、日本人の貯蓄率の高さを利用する一種の社会福祉論であったとしている。また、これらによって、「自助と民活によるところの公的責任の縮少及びシルバーサービス産業の振興

一章　なぜ「社会変革」は伸展しないのか　27

が図られて」来たのだった。[*3] そして、このシルバーサービス産業の勃興を一つの契機として、介護福祉士に加え、私たちソーシャルワーカーの国家資格としての社会福祉士を定めた法律が構成されていくことになる（ソーシャルワーカーと社会福祉士の関係については十章に譲る）。よって、私たちは、このような経緯を踏まえたうえで、現在のソーシャルワークのあり方を含め、「地域包括ケア」や「地域共生社会」を捉えていく必要があるだろう。つまり、この社会福祉における公的責任を減退させる潮流は、そこに、容易に抗うことのできない、強固な構造があるということだ。

今求められる実効性ある「社会変革」[*4]

そのような状況下においても、社会福祉の理念や人権擁護の立場から、この構造に対する抵抗は随所に見られてきたし、であるがゆえに、現在でも、何とか社会福祉の価値と理念からの決定的な乖離を防ぎ、政策の実態と理念との間をかろうじて繋ぎとめることはできている。しかし、総体的・結論的に顧みれば、やはり、それは表層的・皮相的な抵抗に終始し、現在においてはその抵抗の力は決定的に削がれつつあるのが現状であるようだ。

そのような人間の権利擁護が危機的な現下の社会において、私たちソーシャルワーカーがとるべき道は、絶望感を含意しつつ諦観するのではもちろんなく、はたまた皆無なまでに減退した抵抗勢力の回復にのみ固執し血道を上げることでもないだろう。もちろん、大前提として、ソーシャルワークの価値から乖離したこのような時代の趨勢に抗う責務は私たちにこそある。よって、当然のことながら、人間の権利擁護の毀損に対する異議申し立てを放棄するわけにはいかない。

他方で、ソーシャルワーカーは、人間の社会的権利の復興を具体的に実現する責務も同時に有していることを銘記しておく必要があるだろう。単

＊3　相澤譲治（1991）「社会福祉士及び介護福祉士法成立の背景と課題［Ⅱ］本福祉士法成立の政策的背景と課題」『平安女学院短期大学紀要 22 巻』PP.67-71
＊4　ソーシャルワークの「社会変革」については凡例 3 参照。

純に異議を言い放つだけではなく、私たちには、社会正義と人権擁護という価値を基盤に据え、そのための現実的でかつ具体的な変容を推し進めていくことが求められている。まさに、「社会変革」の結果が求められているのだ。この具体的・現実的な社会変革を促進するために、私たちは、従来の抵抗のあり方を改良させていくことと同時に、新しくそれらとは異なる方法を模索すべき段階にきている。

　このようなこれからの「社会変革」のあり方を模索していくことが本書の大きな目的となる。そこで、これから用いる「社会変革」については、以下のように定義のうえ議論を進めて行きたい。

　　　「社会正義と人権擁護を価値基盤とし、暮らしに困難のある人びとの権利擁護を通じて、すべての人間の尊厳が保障された社会環境を創出していくソーシャルワークの根源的な展開・実践である。これには、『社会変革』を目的としていない実践によって結果として生じるものや、人間の尊厳保障に離反する社会の変化に対し、翻って、それを押しとどめていくための活動も含まれる。従って、広義には、『人びとの権利擁護の結果として生じる社会環境の変化』も含意した『社会に対する介入（働きかけ）』として捉えられる」。

　上記に関連するものとしては、「社会変革」に焦点化した実践技術・方法としての「ソーシャルアクション」がある。これについては、以下のように定義し取り扱っていく。

　　　「社会正義と人権擁護を価値基盤とし、暮らしに困難のある人びとの視座から社会構造を捉え、社会の課題を浮き彫りにし、ミクロ・メゾ・マクロ領域の如何を問わず社会構造の変革を促していくソーシャルワークにおける中核的な実践技術・方法である」。

一章　なぜ「社会変革」は伸展しないのか

よって、本書では、「ソーシャルアクション」を「社会変革」の一部として位置づけている（図1-1）。しかしながら、「社会変革」における一つの切要として「ソーシャルアクション」があることは間違いないだろう。

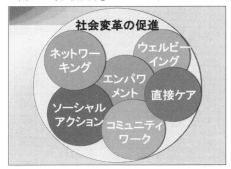

図1-1 「社会変革」とソーシャルアクション

　髙良麻子によれば、社会福祉にかかるこれら社会運動は、社会福祉定礎期（1945-59）・社会福祉発展期（1960-73）双方において深刻化した暮らしの問題において労働組合が中心的な役割を担ってきたとする。続いて、社会福祉調整期（1974-88）になると、「ソーシャルアクションは、中央集権行政システムのもと、主に政府に対して、社会福祉制度・サービスの拡充・改善・創設などの要求を実現すべく、決起集会、デモ、署名、陳情、請願、交渉などの組織的示威・圧力行動を、世論を喚起しながら、労働組合や住民組織等が集中的に行うことが共通する特徴」として表出し、その「背景には二項対立的な権力構造があり、法制度の創設や改廃によってこのような構造の変革を目指していた」としている。更には、社会福祉転換期（1989-今日）では、「社会変動や生活問題の多様化等を背景として、ソーシャルアクションのあり方が多様化」し、「社会福祉士というソーシャルワーカーの国家資格が誕生したことにより、ソーシャルアクションの主体が明確」になった反面、「社会福祉士によるソーシャルアクションの実践」が見当たらなくなっていること、「日本におけるソーシャルアクションに関する研究があまりに脆弱」となっている点を指摘する。[*5]

　つまり、1970・80年代までの社会福祉運動やソーシャルアクションは、「二項対立的な権力構造」を背景とし、政府や行政に対する「組織的示威・

＊5　髙良麻子（2017）『日本におけるソーシャルアクションの実践モデル 「制度からの排除」への対処』PP.36-52 中央法規

圧力行動」などの積極的な活動がみられたものの、1990年代以降は、その運動の多様性とともに、特にソーシャルワーカーによる活動の衰退がみられるということだ。

　ソーシャルワーカーによるソーシャルアクションにかかる先行研究や実践がほとんど見られないなか、髙良は、質的・量的研究双方の視座から、日本におけるソーシャルアクションを「闘争モデル」と「協働モデル」に類型化した。髙良によれば、「闘争モデル」は、「デモ、署名、陳情、請願、訴訟等で世論を喚起しながら集団圧力によって立法的・行政的措置を要求する」実践を指し、「協働モデル」については、「多様な主体の協働による非営利部門サービス等の開発とその制度化に向けた活動によって法制度の創造や関係等の構造の変革を目指す」ものと定義づけている。そして、この「闘争モデル」については、「1950～1960年代の社会福祉運動を中心として確認できるとともに、比較的近年のハンセン病患者による運動や障害者自立支援法反対運動等でも見られる」とする[7]。私が指摘した「従来の抵抗のあり方」（以下「従来型」）は、まさに、この「闘争モデル」の範囲とほぼ整合する。やや異なる点を挙げるならば、「闘争モデル」ではマクロ領域による展開が中心に据えられているようだが、私の方は、むしろ、ソーシャルワーカーの実践方法に照準を定めているため、ミクロ・メゾ・マクロ領域の如何によらずこれを捉えている点にある[8]。

　ここであえて、誤解を避けるために断言しておくが、私は、この「闘争モデル」や従来の抵抗方法としての政策論争や提言、いわゆる体制側としての政府に対する異議申し立て等による一連の運動を一様に否定する立場

＊6　髙良麻子と渡邊かおりは、ソーシャルアクションにおける教育・研究と実践が減退している実態を同様に指摘している。髙良麻子（2013）「日本の社会福祉士によるソーシャル・アクションの認識と実践」日本社会福祉学会『社会福祉学』第53巻第4号 PP.42-54、渡邊かおり（2015）「社会福祉教育におけるソーシャル・アクションの位置づけ——博士論文の研究を中心に——」愛知県立大学生涯発達研究所『生涯発達研究 第7号』PP.73-77

＊7　髙良麻子（前掲＊5）PP.183-184

＊8　ミクロ・メゾ・マクロ領域については凡例4参照。

にはない。むしろ、社会から度外視され排除されている「人びと」の側から社会の課題を捉えた上で、その変容を積極的に求めるこれら社会変革へと向かう実践は、ソーシャルワークの視座から鑑みて当然に評価されるべきものであると認識している。ただし、それらの実践の成果から顧みれば、運動・実践そのものの価値を含めた内実において、幾ばくかの問題を孕んでいたことも事実であろう。であればこそ、社会変革のより具体的な実現を求めて、その改良を検討することと同時に新たな手法への接近を推し進めていく必要があると思うのだ。

このような「社会変革」の方途を見直す主張は、決して唐突なものではない。立場は異なるが、社会学者の見田宗介は、「20世紀型革命の破綻から何を学ぶか」と題して、その「破綻の構造」として次の3点を挙げている[9]。

①否定主義（「とりあえず打倒！」）、②全体主義（三位一体という錯覚）、③手段主義（「終わりよければすべてよし！」）。①否定主義 negativism に対しては、「肯定性の着想」が重要であり、逆に、憎しみは、人間を破綻に導く最も強力な感情であるとする。そして、その憎しみから解放されるために必要なことは、憎悪を否定することではなく、それとは反対の感情を経験することにこそあるという。②全体主義 totalitarianism については、「経済の領域におけるシステムの計画性」が、「一党支配」や「民主主義の否定」、「思想・言論の領域における統制」、「自由の否定」を必要とするという考え方の誤謬によってもたらされたものであるとする。最後の手段主義 instrumentalism は、「未来にある目的のために、現在の生を手段とする」ものであり、現時点においては「『指導政党』による集中的な権力支配と、思想言論の統制が必要である」とする思想に裏打ちされたものとなっているという。

以上の見田の見解に加え、改めて以下でも引用するが、経済学者である

＊9　見田宗介（2018）『現代社会はどこに向かうか——高原の見晴らしを切り開くこと』岩波新書、PP.146-150

金子勝も、産業構造の変化に伴い社会変革の方途の変容が、必然的に求められていく展望を示している。そして、若干視点は異なるが、政治学者の姜尚中は、これからの「リーダーシップ」のあり方として、「カリスマ」型・「司令官」型といった権力志向型のリーダーではなく、「人びとの『半歩前』を行く」リーダー、即ち、「柔軟な歴史の知恵を具えたリーダー」が待望されていると述べている。ここで言う「リーダー」とは、組織のみならず、社会におけるそれを指しているため、この「リーダーシップ」の変遷は、社会変革の方策の変更に付随する。以上みてきたように、私たちの社会は、これからの「変革」のあり方を模索するべき段階に来ている。

　もう一度ソーシャルワークに立ち返って考えてみたい。大きな方針としては、ソーシャルワークの見地と整合するものの、方途のあり方に一部の問題を内含しているといえる「従来型」による「社会変革」やソーシャルアクション、社会運動ではあるが、それでもこの社会にとってはやはり有益であるといえる。この点髙良も、ソーシャルアクションの「協働モデル」を示すことが、「闘争モデル」の必要性を否定することにはならないと指摘し、むしろ、「闘争モデル」は、その必要性が認識されながらも、現下のソーシャルワーカーにおいて、その実践が停滞している可能性があることに論及している。

● 「従来型」による「社会変革」の陥穽

　そのことを下敷きにしつつも、残念ながら、その帰結をみて明らかなように、「従来型」の「社会変革」には、そもそもその成果を手に入れづらい要素が装置されていることを見過ごしてはならない。つまり、なぜ、これらの形態をとる「社会変革」がうまくいかなかったのか、その検証が求

＊10　姜尚中（2009）『リーダーは半歩前を歩け──金大中というヒント』集英社新書
＊11　髙良麻子（前掲＊5）P.189

一章　なぜ「社会変革」は伸展しないのか　33

められているということだ。この手続きを飛ばして、これからの「社会変革」のあり方を語ることはできないだろう。

ここでは、以下に挙げる7つの視座から、この「従来型」による「社会変革」の陥穽を捉えておきたい。

「従来型」による「社会変革」の陥穽①
人びとを手段化した実践——セクト主義の弊害——

一つは、セクト主義の影響を多分に受けた実践・運動形態にある。パウロ＝フレイレは、自らの正義を誇示して対話を回避するセクト主義に依拠した運動では、人間の解放やエンパワメントに依拠した社会変革を促すことはできないと断定している。もちろん、「抑圧される側」に身を置くこと自体に、これを経験することのない人たちには到底想像できないであろう多大な重圧がかけられており、そこには対話や妥協を試みる余裕すらない、という構造があることは私も理解しているつもりだ。しかし、フレイレも十二分にそのことを認識しつつ、セクト主義に依拠した運動を批難しているのである。つまり、「抑圧者」と同じ手法による解放運動は、また別の抑圧的な社会を生み出すという事実を示しているのだ。[12]

そして、このセクト主義による運動の最も危険な要素は、「人びと」を「目的」としてではなく「手段」として扱うことにある。つまり、このような運動においては、自らの主義・主張を貫くことが（それは時に、自らの正しさを誇示することであり、相手を打ち負かすことでさえあるが）目的となり、その目的のために、運動組織の運営や運動のあり方に対して手段を選ばぬ手続きが取られることがあるということだ。その「目的」のためには、人びとを「手段」にさえしてしまいかねない。

このような「従来型」の「社会変革」における問題はサラ＝バンクスによっても以下の様に指摘されている。そこには、見田が指摘している「手

＊12　パウロ＝フレイレ（2011）『新訳　被抑圧者の教育学』（三砂ちづる訳）亜紀書房

段主義」と符合する点がみられる。

　「伝統的なソーシャルワークの見地からすれば、初期のラディカルなアプローチは、いまここ――個人が直面している緊急で差し迫った問題――に焦点をあてることが少なく、未来のよりよい社会を創造することに焦点をあて過ぎているものと批判された。この批判は、個々の利用者が目的達成のための手段として扱われ、またそれらの人びと自身によるニーズや欲求の表現が尊重されないということにかかわっている。短期的にみれば、マルクス主義者およびネオ・マルクス主義者のアプローチは、功利主義的アプローチ――人類全体のより大きな善のために、人びとを目的達成の手段として用いること――を推奨するものとして解釈できる[13]」。

　しかし、長期に未来を捉えているからといって、「人びと」を目的化することは許されない。しかも、未来のことは誰にも予測できないがゆえに、少数派を含めた多様な意見を尊重することが民主主義の原則となる。
　またこのような展開を実践する運動組織においても、フレイレが指摘しているように、被抑圧者たる「人びと」の意見に耳を傾けることもなく、独裁的で抑圧的な構造が生まれることもあり得るし、組織のリーダーは、それをやむなしとしている傾向がある[14]。またそれが、たとえ独裁的・抑圧的な組織でなくても、自己批判・自己統制機能が組織から減退すれば、独善的な運動・実践に終始することにもなりかねない。
　このような運動では、「人びと」を利用した「社会変革」が目論まれることになる。事実、現代においても、その運動家の自覚の如何によらず、社会変革を目的に、「人びと」を手段化しているものとおぼしき展開も散

＊13　サラ＝バンクス（2016）『ソーシャルワークの倫理と価値』（石倉康次、児島亜紀子、伊藤文人監訳）法律文化社、P.64
＊14　パウロ＝フレイレ（前掲＊12）

一章　なぜ「社会変革」は伸展しないのか　35

見されている。それは、時折私たちの実践においてもみられるため、常に注意しておかなければならない。例えば、社会に与える影響の大きさを重視するあまり、「人びと」のニーズではなく、マスコミや関係機関からの評価を得ることを優先してしまうことなどが挙げられる。特に、マスコミには、「わかりやすさ」や「衆目を集める」ことを第一義とする傾向があることから、そこから評価を得ることに注力すればするほど、「人びと」にとっての利益が後回しになってしまうことさえある。

　孫引きにはなるが、イギリスソーシャルワーカー協会（British Association of Social Workers）による「ソーシャルアクションとソーシャルワークに関する報告書」から以下のくだりを紹介しておこう。

　　　「ソーシャル・アクションは、ソーシャルワークの他の部分と同様に、ソーシャルワークの価値をふまえたものでなければならない。そのなかで、おそらくもっとも関連のあるのが、人間は、道具としてではなく、それ自体が目的として扱われるべきである、という信念であろう。そういうわけだから、クライエントは、社会変革の手段とみなされてはならない。同じような状況にある人びとや、ソーシャルワーカー、そしてソーシャルワーク機関との相互作用をとおして、望ましい社会変革をもたらすことのできる、ひとりの人間としてクライエントをみるべきである」[15]。

「従来型」による「社会変革」の陥穽②
排除を促す"社会変革"――自らを外在化して行う実践――

　二つ目に、社会から「外部存在化」した個人・集団が社会変革を進めることの欺瞞が挙げられる。言わずもがな、あらゆる個人や集団も社会化している以上、社会の内部に埋め込まれている。であるにもかかわらず、ま

＊15　ゾフィア＝Ｔ＝ブトゥリム（1986）『ソーシャルワークとは何か　その本質と機能』（川田誉音訳）川島書店、P.6

るで社会を完全に俯瞰視でき、社会の外部からその変革を求めようとする傾向がこれらの実践には認められる。それはニクラス＝ルーマンが次のように指摘していることでもある。

　「近現代社会を記述するための位置を捜し求めて、社会運動に遭遇するひともいるであろう。非常に典型的なことだが、これらの運動は、社会の内側から社会に戦いを挑みながら、あたかも自分たちは社会の外側にいるかのように振る舞う。『資本主義』というキーワードで表される特有な現象をめぐって運動を組織化する試みは、多大な時間を要し、物々しくはあったが、うまくはいかなかった」[16]。

　これらの実践からは、ある社会や組織の成員であるにもかかわらず、その社会・組織変革のための地道で具体的活動を拒否しつつ、単に自らの意見を主張することだけに終始する人たちも生まれてくる。そして、問題の歴史・背景を顧みず、具体的な変化を促す努力も等閑にした上で、単に、「正論」をぶちまけ、それを相手に要求するだけのこれらの活動は、実質的に所属していない外部の社会・組織に対しても同様になされている。このような活動では、その組織や集団が社会化され重層的な社会構造に依存し、多様な人たちによって形成されていることに思いをはせることはない。であるがゆえに、多くの人びとにとって、自らの思想に依拠した大きな変革が実現できないことが殆どであるにもかかわらず、戦略的に小さな交渉・調整・変革を堆積することを忌避する傾向がみられる。彼らは、このような地を這うような、妥協と忍耐の蓄積の先にある社会変革をみようとはしないのだ。残念ながら、このような「評論家タイプ」の実践家によって社会変革がなされたためしはほとんどない。見田が言うように、社会や集団は、外部からの圧力によって変容するのではなく、「自由と魅力性の力に

＊16　ニクラス＝ルーマン（2016）『自己言及性について』（土方透、大澤善信訳）筑摩書房、P.145

一章　なぜ「社会変革」は伸展しないのか　37

よって、内側から開放されるのでなければならない」[17]のだ。

　また、このような活動は、自らが主張する変革を受け入れない外部の組織・集団・階層に所属するすべての人を画一的に敵視する傾向さえある。そこでは、例えば、政府や行政等の権力・権限保有者層に属する人は、すべて敵対すべき対象となり、加えて、そこに属すること自体がその敵手に落ちることになるというのである。これらの思想は、ここでいう政府や行政機関のなかにも、私たち以上に、「人びと」の側に立って闘っている人たちがいるという事実を置き去りにしているという点で重大な欠陥がある。これを「欠陥」と同定する理由は、彼らの活動の目的と落差のない実践をおこなっている本来であれば連携すべき人びととの協同を阻害するばかりか、冷静にみれば、彼らからみて推奨するに値する（少なくとも阻止すべきではない）それら実践に対する障壁にすらなりかねないことにある。

　そして、これらの形態をとる活動では、先に挙げた事柄と同様、自らが所属する組織・集団においても、同様の傾向がみられる。それは、自分たちの主義主張に取り合わない所属組織における他者や集団（役員会や部署など）の成員すべてを敵対視するという傾斜である。その集団のなかにも、自身と近い思想を抱きつつも、その思想を時に潜在化させながら戦略的に小さな変革を堆積している「仲間」がいるにもかかわらず、思想や手法の些細な違いから、この「仲間」との連携を拒否し、折節「仲間」を攻撃の対象にすらしてしまう、このような悲劇ともいえる実践が展開されていくのだ。

　フレイレの主張にもあったように、排除された人びとの支援を通じて、それが他の誰かを排除する展開へと帰結してしまう事象は決して珍しくはないのだろう。この点は、拙著においても、「人びと」に対する排除を社会的包摂へと押し戻す私たちの「社会変革」が、逆に、誰かを排除してしまうことの危険性について言及している。

＊17　見田宗介（前掲＊9）PP.151-152

「（本書では）、社会をどの視座からとらえるべきかの議論をはじめ、ソーシャルワーカーに、社会の変革への自負心をもつことを投げかけてきた。しかし、ここでより慎重にならなければならないことがある。それは、その情熱と信念が、翻って、私たちが誰かを排除することに連なってはならないということにある。社会に対する違和感や憤りが、誰かを排除することに帰結しては、それこそ、それはソーシャルワークの価値を凋落させるというものだ。その社会変革への矜持をもちながらも、方途は、排除とは逆の道をとらなければならない」（括弧内は中島）[18]。

「従来型」による「社会変革」の陥穽③
組織変革の可能性を度外視した展開
――「組織の価値」と「ソーシャルワークの価値」の相互作用の希釈――

　三つ目として、これら危険性を孕んだ思想の発端は、「組織の価値」にただ馴化するだけのソーシャルワーカー像を中核とした誤認から生まれている。例えば、ある市において、市長が生活保護費の高騰を理由に「水際作戦」を推奨しているとしよう。そこで、その市の福祉事務所に配置されたソーシャルワーカーは、ただそれにつき従い、「水際作戦」を決行するのだろうか。あるいは、平均在院日数の短縮化を経営陣が目論む病院があったとして、そこに所属するソーシャルワーカーは、患者のニーズを度外視して「短縮化」に専心するだけでよいのだろうか。もし、それが所属する組織の意向であるからといって、このような社会不正義や権利侵害に対し、無抵抗に従属するだけであれば、そもそも彼らはソーシャルワーカーではない。

　「組織の価値」と「ソーシャルワークの価値」に齟齬が生じた際、私た

＊18　中島康晴（2017）『地域包括ケアから社会変革への道程【実践編】　ソーシャルワーカーによるソーシャルアクションの実践形態』批評社、P.187

一章　なぜ「社会変革」は伸展しないのか　　39

ちは「ソーシャルワークの価値」に軸足を置きつつ、その組織を変革する努力をしなければならない。仮に、大々的で動的な組織変革が困難であっても、「ソーシャルワークの価値」から乖離しない実践が展開されるよう、権力構造・人間関係を把握、折々掌握し、調整・交渉していくことが求められるし、これらができる人のことをソーシャルワーカーというのだろう。元来ソーシャルワーカーとは、自らが所属する組織・集団・社会にこのような影響を与えることができる人のことをいうはずだからだ。

　このことに照らしてみれば、自らの思想と乖離する決定を下す所属組織に対して、そこに所属・配置されている（経営者・管理者を含む）者すべてを敵視し対立することや、逆に、その決定にただ従順に振る舞うことは、自らの、もしくは、そこに所属している他のソーシャルワーカーによる「ソーシャルワークの価値」に信頼を寄せていないことになるだろう。いや、そもそもソーシャルワークそのものの可能性を否定しているとさえいえるのだ。もちろん、現下のソーシャルワーカーすべてが、信頼に値する存在であるかどうかの結論は残された課題として横たわっている。このことは後にも述べるが、特に、ソーシャルワーカー自身が、「ソーシャルワークの価値」を確固として有しているのか否かについては疑わしい側面がある。

　しかし、この種の組織変革に向けた展開は、ソーシャルワークの「社会変革」を考える上で、重要な実践となるため、ここで若干議論を掘り下げておきたい。

　まず、サラ＝バンクスも、個人的な価値と専門職の価値、雇用機関の価値をまるで無関係のごとく峻別してとらえる主張に対して次のように反駁している。

　「それは究極的には、単に職務に就き、機関によって要請されるすべての規範や手続きや実践に、単に従っているだけのソーシャルワーカー［なるもの］に逢着する」。よって、「個人的な価値、専門職の価値、機関の価値が、すべて異なったものとして扱われなければならないということには

ならない」とし、「これらが対立する場面で、人としてのソーシャルワーカー（the social worker as a person）は、どちらに優越性と決定の正当性があるのかを判断するための道徳的責任をもっている」とソーシャルワーカーの「判断」と「道徳的責任」の重要性を指摘する[19]。

　また、ディーン＝Ｈ＝ヘプワースらによる「ソーシャルワーク教育に方向性を与える５つの価値」における一項目には、「ソーシャルワーカーは、社会的機関をより人間的な、人々のニーズを反映したものに変えるよう努力する」ことが挙げられており、そこでは以下のことが述べられている。

　「ソーシャルワーカーは、自らが所属する組織あるいはそれ以外の組織の方針や手続きを精査し、クライエントが資源に容易にアクセスできるか、クライエントの尊厳を強化するような形でサービスが提供されているかを明らかにするという、エクスペディター（代理交渉人）や問題解決者の役割を担うことを通じて、この価値を体現することもできる」[20]。

　このことは、「人びと」の権利擁護の実現のために、ソーシャルワーカーが、内外の組織に対する変革を促す役割を担っていることを明示している。実は、日本ソーシャルワーカー協会と日本社会福祉士会が 1993 年に採択した「ソーシャルワーカーの倫理綱領」においても以下のくだりが見受けられる。

　「『機関との関係』
　1.（所属機関と綱領の精神）ソーシャルワーカーは、常に本倫理綱領の

＊19　サラ＝バンクス（前掲＊13）P.19
＊20　ディーン＝Ｈ＝ヘプワース、ロナルド＝Ｈ＝ルーニー、グレンダ＝デューベリー＝ルーニー、キム＝シュトローム - ゴットフリート、ジョアン＝ラーセン（2015）『ダイレクト・ソーシャルワークハンドブック　対人支援の理論と技術』（武田信子監修、北島英治、澁谷昌史、平野直己、藤林慶子、山野則子監訳）明石書店、P.35

一章　なぜ「社会変革」は伸展しないのか

趣旨を尊重しその所属する機関、団体が常にその基本精神を遵守するよう留意しなければならない。

2.（業務改革の責務）ソーシャルワーカーは、所属機関、団体の業務や手続きの改善、向上を常に心がけ、機関、団体の責任者に提言するようにし、仮に通常の方法で改善できない場合は責任ある方法によって、その趣旨を公表することができる」。

「『専門職としての責務』

3.（専門職の擁護）ソーシャルワーカーは、実践を通して常にこの専門職業の知識、技術、価値観の明確化につとめる。仮にもこの専門職が不当な批判を受けることがあれば、専門職の立場を擁護しなければならない。

5.（同僚との相互批判）ソーシャルワーカーは、同僚や他の専門職業家との間に職務遂行の方法に差異のあることを容認するとともに、もし相互批判の必要がある場合は、適切、妥当な方法、手段によらなければならない」[21]。

しかし、このくだりは、現在、日本ソーシャルワーカー連盟（日本医療社会福祉協会・日本社会福祉士会・日本精神保健福祉士協会・日本ソーシャルワーカー協会からなる団体）の各団体が採択する「ソーシャルワーカーの倫理綱領」からその一部が削除され、主張の強さも抑えられている[22]。

＊21　1986年4月26日日本ソーシャルワーカー協会の倫理綱領として宣言・1992年4月25日ソーシャルワーカーの倫理綱領とすることに決定・1993年1月15日日本社会福祉士会の倫理綱領として採択・1995年1月20日社団法人日本社会福祉士会の倫理綱領として採択

＊22　このことにかかる現行倫理綱領の記載事項は以下の点となっている。「Ⅱ.実践現場における倫理責任 3.（実践現場と綱領の遵守）ソーシャルワーカーは、実践現場との間で倫理上のジレンマが生じるような場合、実践現場が本綱領の原則を尊重し、その基本精神を遵守するよう働きかける」。「Ⅳ.専門職としての倫理責任 3.（社会的信用の保持）ソーシャルワーカーは、他のソーシャルワーカーが専門職業の社会的信用を損なうような場合、本人にその事実を知らせ、必要な対応を促す。4.（専門職の擁護）ソーシャルワーカーは、不当な批判を受けることがあれば、専門職として連帯し、その立場を擁護する」（「ソーシャルワーカーの倫理綱領」《日本ソーシャルワーカー連盟》2005年1月27日制定・社団法人日本精神保健福祉士協会 2005年6月10日承認）。

その経緯は定かではないが、少なくとも組織変革への方法が確立し、これらの問題が一定の解決をみたことによって減退させたわけではないだろう。なぜならば、これまでに、この組織変革における議論の痕跡は見当たらないばかりか、現在においてもあまり問題にされていないからだ。しかし、この組織変革への接近は、ソーシャルワーカーの重大な「社会変革」であるといってよい。

　その理由として、多くのソーシャルワーカーは、社会福祉関連法の枠組みにおいて仕事をしており、そして、その制度に基づいた事業を運営する組織に被雇用者として所属していることが挙げられる[23]。つまり、人間の権利擁護に向けた実践を敷衍していくための前提条件として、多くのソーシャルワーカーには、その展開が許されるように組織内部の構造・関係を整えていくことが求められているということだ。であるにもかかわらず、この組織変革の方途については、今もなおその議論は活発ではない。このことが、この項で取り上げた問題をより深刻化させてきたのだろう。

「フリー」か「非フリー」は重要か？

　実は、世界的にみても、法律・制度的に位置づけられた仕事に従事しているソーシャルワーカーは少なくない[24]。イギリスでは、むしろ、公的機関で雇用されている割合が多く、香港のようにソーシャルワーカーの業務独占が徹底されている国や地域においてはいっそう顕著であろう。そして、私自身は、制度の運用面における柔軟性及び人びとの権利性の担保、公的機関の組織体質の改良（特に組織内におけるソーシャルワーク機能の維

＊23　「社会福祉士・介護福祉士就労状況調査結果の実施概要」「精神保健福祉士就労状況調査結果の実施概要」2015年2月　公益財団法人社会福祉振興・試験センター　社会福祉士の「経営者」は2.1％であり、「施設長・管理者」が13.3％、「その他」「無回答」が12.1％であった。精神保健福祉士においても、「経営者」は1.9％であり、「施設長・管理者」が12.2％、「その他」「無回答」が16.8％であった。社会福祉士・精神保健福祉士ともに、雇用者としては、「経営者」と「施設長・管理者」の一部が含意されていると思われる。
＊24　サラ＝バンクス（前掲＊13）PP.33-34

一章　なぜ「社会変革」は伸展しないのか　　43

持・拡張）などが実現される可能性があることからそれを一方的に悪いことだとは捉えていない。むしろ、法制度に位置づけられた事業体のなかで、その変革・改良に向けた実践をソーシャルワーカーが担うことができれば、多くの「人びと」の暮らしの質を高めることや、さらには、実践領域における法制度の課題を浮き彫りにし、その改善のために提言することも可能となるだろう。

　もちろん、このことは、先に挙げた「組織変容」の実績と議論が不在である経緯から容易に展開できない上に、このソーシャルワークの機能を過信して放置すれば、「社会的コントロール」に向けた迎合が広がりかねない危険性がある。つまり、ソーシャルワーカーは、「社会的ケア」に軸足を置きつつも、「社会的コントロール」と「社会的ケア」のジレンマのなかで緊迫感を持ちながら組織を改善・変容していく必要がある。この緊張感が希釈すれば、一方で「迎合」が始まり、他方で「孤立」がみられるようになる。

　この点に留意しながらも、ソーシャルワーカーが上記の組織で雇用されることには意義があると思うし、それを意義あるものにしなければならないとも考える。その理由は、繰り返しにはなるが、多くのソーシャルワーカーは組織で雇用されているからだ。

　たしかに、独立型社会福祉士に代表されるように、いわゆるフリーのソーシャルワーカーには、この点で優位性があるとされている。[25]この「組織の価値」からは、自由になれることが保障されているからだ。しかし、「フリー」のソーシャルワーカーといえども、当然に、自らの暮らしの糧としての収入の確保が求められ、結果として、そのために法人格を有し、社会福祉法関連事業を展開するものも多く表れている。では、「フリー」や独立型は「社会変革」の旗手であり、組織に所属しているソーシャルワーカーにはそのことが期待できないのだろうか。

＊25　髙良麻子（2017）（前掲＊5）P.P.72-73・P.75

この点について、ジャーナリストの分野ではあるが、本多勝一の以下の指摘が参考になる。

　　「問題は、フリーか非フリーかといった生活形態にあるのではないのです。非フリーが権力側の走狗で、フリーが正義の味方だ、といった思考法は、根本的に誤っている。この伝でいくと、最終的には『日本は資本主義国だから、そこに住む全日本人は独占資本の走狗だ』ということになってしまいます。フリーであれ非フリーであれ、どんな視点に立つかにこそ、問題の根幹はある」[*26]。

　つまり、ソーシャルワーカーに問われていることは、どこの組織に所属しているのかではなく、どのような視座を拠り所として実践を行っているのかにあるということだ。私たちには、所属組織のいかんによらず、「人間の権利擁護」に軸足を置いた実践を追求する責務があり、それこそが私たちがソーシャルワーカーである所以ともなる。この拠り所に対する姿勢が問われているのだ。

　これだけ多くのソーシャルワーカーが津々浦々の組織で雇用されている以上、私たちは一つの戦略をもたなければならない。それは、組織に所属しているソーシャルワーカーにしかできない社会変革の促進である。その組織でしか成し得ない地域や分野における仕事がある。それを組織の内部から働きかけ促進していく方法があるはずだ。組織の内側で仲間との連携をはかることや、たとえ意見の異なる人たちであっても信頼関係を構築していくこと、一定の裁量が委ねられた役職につくこと、外部の「仲間」との連携を深めること、逆の視点で、非常勤等の立場を利用して「組織の価値」から離れた展開を密かにまたは非公式な形で推し進めることなどを通じて、

＊ 26　本多勝一 (1971)「職業としての新聞記者」(1995)『本多勝一集第 18 巻ジャーナリスト』朝日新聞社、PP.63-64

その組織でしか実現できない社会の変革を促すことができるはず[27]だ。如上の組織におけるソーシャルワークの価値や倫理、姿勢の体現化は、まさに、このような地道な努力の堆積によってなされるのである。

本多勝一はこの点についても以下のように指摘している。

　　「問題は、どんな種類の冒険をやりたいかであって、サラリーマンを辞めるかどうかは、そのやりたい冒険の種類によって規定されることに、すぐ気付く。即ち、サラリーマンを脱出するかどうかは、実は冒険にとって本質的問題ではなく、これもまた骨肉の情と同様に、二律背反ではないのだ。（中略）脱サラリーマンと冒険とは、本質的に関係がない。むしろサラリーマンだけにしかできない冒険こそが、サラリーマンの冒険たりうるのだ。となれば、単に脱サラリーマンだけでは、反対に冒険からの逃避にもなりかねない。サラリーマンだけにしかできない冒険。それは、サラリーマンにとどまって、サラリーマンの内部から行動を起こすことである。よく、カッコよく『辞表をたたきつける』という。場合にもよるが、たいていは馬鹿なことだと思う。そんな奴は、会社側にとっても去ってくれる方が良かった場合が、いかに多いことか。反対に、コバンザメのようにしがみつかれるほうが、会社側には痛いのだ。自衛隊の内部で反戦運動をした人がいたが、自衛隊をやめるよりも、この方がはるかに冒険的だった。内部からの行動による冒険。それはまた、いろいろなものがあるのだろう。どんなものがあるかを、いちいち例示してみせる必要はないと思う。問題は、その一歩を踏みだすかどうかにある[28]」。

＊27　日本社会福祉士会の以下の調査研究では、組織におけるソーシャルワークの促進要因として、「非常勤であるため、業務外のことを自由に実施できること」が抽出されている。日本社会福祉士会「ソーシャルワーク専門職である社会福祉士のソーシャルワーク機能の実態把握と課題分析に関する調査研究事業報告書」2019年3月

＊28　本多勝一（1970）「サラリーマンの冒険」（1994）『本多勝一集第12巻アメリカ合州国』朝日新聞社、P.307・P.310

これを読めば、「フリー」か「非フリー」以前に、「その一歩を踏みだす」
根気と勇気のあるソーシャルワーカーが少ないことにこそ問題の本質があ
ることがわかるだろう。

　要するに、「組織の価値」と「ソーシャルワークの価値」は無関係に平
行しているのではなく、相互に影響を及ぼすものであり、相互作用を引き
起こす関係にあるということだ。このことによって立つならば、「組織の
価値」は、程度の如何によらず変更可能なものであり、「ソーシャルワー
クの価値」との乖離が生じた際に、ソーシャルワーカーは、「ソーシャル
ワークの価値」に力点をおいて組織の方針・実践のあり方を変容する努力
を怠ってはならないということになる。そして、その結果として生じる組
織変革は、決して大規模なものではなかったり、であるがゆえに、他者か
ら瞥見すれば、判然とした組織変革とは映らないこともあるが、これこそ
がソーシャルワーカーの優れた仕事であり、まさに「社会変革」であると
いえる。

　他方で、「組織の価値」に無抵抗で、単に従属的なソーシャルワーカーは、
似非ソーシャルワーカーでしかない。よって執拗にも繰り返すと、「ソー
シャルワークの価値」と「組織の価値」が整合しないとき、ソーシャルワー
カーは、それに抵抗する方策を講じる責務を有していることになる。組
織に雇用されているソーシャルワーカーは、まずその責任を享受し、組織
における権力・関係の構造を評価したうえで、他の成員との関係調整や自
らの権力・権限の拡張を図りつつ、「ソーシャルワークの価値」に依拠し
た展開が進めやすい環境・条件を自ら整えていくことが求められているの
だ。

　しかし、このような組織変革の可能性、別の見方をすればソーシャルワー
クの潜在力、これに気づいていない「ソーシャルワーカー」は、二つの
類型を辿ることが予想される。一つは、「組織の価値」に傾倒してしまう
ことで、「ソーシャルワークの価値」を捨象し、「『人びと』を排除する側」

一章　なぜ「社会変革」は伸展しないのか　　47

に迎合していく類型であり、今一つは、同じ組織にいる思想を小さく違える立場の人びととの連帯を阻害し、彼らと対立することやその実践の障壁へと機能する類型である。後者の類型では、さらに、他の組織に所属する本来は「仲間」になり得る人たちとの連携とその実践をも毀損することになるだろう。

　このような「ソーシャルワーカー」の非緻密性と鈍感さの一つの要因としては、前に挙げたように、この種の組織変革へ向けた実践や研究の蓄積が不十分であることに加え、この組織変革が、戦略的なものであるがゆえに、「従来型」の実践家からみれば、その方針と内実が一見不明瞭に映ることが想定される。この変革が、外部から見て分かりにくい理由としては、組織の形態にもよるのだが、多くの組織においては、力学的に「組織の価値」が優先される素地が備わっているため、その構造の下で、「ソーシャルワークの価値」を伸張させることは容易ではなく、あからさまな組織変革への展開には、強力な抵抗を伴うことが予測され、また実際にもかなりの困難を要することが挙げられる。

　事実、介護保険を例に顧みても、事業の種別に加え、加算の類型が急増することで複雑化が進捗し、専門職は、自らの専門性に依拠した仕事よりも、事業の従事者としての職務に注力しなければならない状況に陥っている。また、社会福祉基礎構造改革以降、サービス提供者の多元主義化が進捗し、この領域全体を市場原理が包み込むことによって、各事業者は、事業の継続性に対する手当に、それまで以上に注力しなければならなくなった。このような環境下に置かれた組織の内側から、「ソーシャルワークの価値」を敷衍するにも限界があることは否めない。

　であるからと言って、組織に雇われたソーシャルワーカーが、「ソーシャルワークの価値」を諦観してもよいということにはならないだろう。これら「組織変革」の実態が、多くのソーシャルワーカーから語られることのない現状を顧みれば、ソーシャルワーカー自身にも、その実践を停滞させている責任はあると思う。

このように、これからの社会変革は、大々的でわかりやすいものではなく、むしろ、小さな変革やその積み重ねを狙ったものが求められているのだと思う。しかし、私は、このような小さな変革であったとしても、その堆積と連携が、社会を大きく変える原動力となることを確信している。逆説的に言えば、このような地道な変革を通じてでしか、ソーシャルワーカーは、社会を変えることができないだろう。

　この点、金子勝の以下の社会変革像は、私の考える実践に大きな示唆を与えてくれるものであるといえる。

　「（これから求められる）社会変革はどのような特徴を持っているのだろうか。その点で言えば、集中メインフレーム型から地域分散ネットワーク型に産業構造が変化するとともに、社会変革のあり方も変化してくる点に注目する必要がある。集中メインフレーム型の社会変革は『革命』であった。それは将棋の世界に似ている。集中メインフレーム型の経済社会システムでは中央司令部を握った方が勝ちであり、資本主義対社会主義が主要な対立軸であった。（中略）これに対して、地域分散ネットワーク型の世界では、一つひとつが地域ごとにバラバラに変わりながら、それらが次第にネットワークでつながっていく形になる。それによって、社会システムが、単なる行財政の地方分権ではなく、産業構造や意思決定も含めて地域分散ネットワーク型に変わっていく。その際、前述したように、エネルギー、社会福祉、食と農など、さまざまな分野で、地域ごとに住民が参加し自ら決定していく公共空間を作り出すことが重要になっていく。それは囲碁の世界に似ている。一見バラバラに起きたそれぞれの地域の動きがつながった瞬間に、相手の碁石が取られ、地が囲われていくのである。（中略）それは、環境や安全という社会的価値が基軸となり、ネットワークで結びつくことによって、地域の住民が自分の地域のことを自己決定し、地域が自立できる社会なのである。それとともに、国民国家や社会も

一章　なぜ「社会変革」は伸展しないのか　49

大きく変わっていくことになるだろう」（括弧内は中島）[*29]。

ソーシャルワーカーによる「ソーシャルワークの価値」の捨象

　如上では、「組織の価値」と「ソーシャルワークの価値」の相互作用への認識が希釈化している問題点を指摘しておいた。それは、両者の価値によって生じるジレンマをどのように乗り越えるのかについての検討である。そのことを踏まえつつ、ここで改めて根源的な問いを提示しなければならない。それは、多くのソーシャルワーカーに、このジレンマが伴っているのか、という疑問である。ジレンマが生じる前提条件として、ソーシャルワーカーに「ソーシャルワークの価値」が確立していることが求められるが、果たして、ソーシャルワーカーに「ソーシャルワークの価値」は根付いているのだろうか、という疑念は払拭し難い。それは、四章でも確認していくように、社会正義にかかる研究や実践領域における議論が等閑である現状からみても、その確たる形成がなされているとは到底言えない実態があるからだ。

　その実、日本社会福祉士会が会員を対象とした調査によれば、「人権・社会正義について調べた経験」・「人権・社会正義について議論をした経験」がある者は其々 49.0%・38.0% に留まっていた。加えて、「倫理的ジレンマについて悩んだ経験」があると答えた者は 58.4% となっている[*30]。このジレンマにかかる数値の多寡については、もちろん評価が分かれるだろう。ただし、新自由主義が伸張し、効率性と生産性が過度に要求されている社会構造下でのソーシャルワークの展開には、その目的・価値との乖離が甚だしく、ジレンマが常に付随していることが本来の姿ではなかろうか。そう考えれば、この数字はむしろ低いと言わざるを得ない。ソーシャルワー

＊29　金子勝（2015）『資本主義の克服　「共有論」で社会を変える』集英社新書、PP.191-192

＊30　日本社会福祉士会「ソーシャルワーク専門職である社会福祉士のソーシャルワーク機能の実態把握と課題分析に関する調査研究事業報告書」2019 年 3 月

クのあるべき姿を視野に収めた実践を志向するならば、ほぼすべてのソーシャルワーカーが何らかのジレンマを抱いていてもよいように思うからだ。

　もちろん、ソーシャルワークの一つの価値である社会正義には、立場によって様々な定義が存在する。例えば、弁護士の社会正義とソーシャルワークのそれとは、重複する部分もあるが、役割や問題の捉え方から生じてくるそれぞれに独自の領域も存在するだろう。次章でナンシー＝フレイザーの論考に触れていくように、経済学や政治学でも様々な解釈がなされている。しかし、ここで問われているのは、ソーシャルワークにおける社会正義とは何か、ということである。この共通理解がなされていない状況下で、その帰結として、実践におけるジレンマさえも感じることのできないソーシャルワーカーに、組織変革や社会変革の促進ができるとは到底思えない。

　このことは、昨今持て囃されている多職種連携についても同様のことがいえるはずだ。異なる専門職による多彩な問題認識や知見が集積することで、問題を多面的に捉え得ることが多職種連携の利点である。従って、このような連携は、同一的な問題の捉え方をする人びとによって形成される「同質型の連携」とは一線を画すものといえる。この「異なる視点や役割」に多大な影響を及ぼすものはやはり「価値」であろう。よって、多職種連携においては、この価値が不明瞭である専門職の参加は歓迎されない。サラ＝バンクスの以下の指摘の通り、ここでも価値が問われてくるからだ。

　　「ソーシャルワーカーが協働する（警察官や医師のような）他の多くの」専門職が有する権威主義的な特質や、「専門職の利用者との関係性の本質といったいくつかの面では、異なったところもある。多職種連携の文脈のなかで、専門職の価値について明瞭にしておくことは重要であり、そのことは、ソーシャルワーカーが、他の専門職を補完し、時には他の専門職に異議を唱えるような固有の役割を演じることができることを意味している。ここでは、社会正義に位置づく倫理に

一章　なぜ「社会変革」は伸展しないのか　51

関与することが重要である[31]」。

　いずれにしても、「ソーシャルワークの価値」が捨象されたソーシャルワーカーは、組織において、また多職種連携の場面においても貢献できないだろう。残念なことではあるが、少なくとも日本のソーシャルワークにおいては、この「価値」の停滞があることを前提にして本書は書き進めてく。

「従来型」による「社会変革」の陥穽④
最大限綱領主義に依拠した「社会変革」
——多くを妥協してでも少ない変革を確実に実現する——

　ここで、上記「『従来型』による「社会変革」の陥穽③」とも連動する四つ目の問題を指摘したい。それは「従来型」の実践は、最大限綱領主義に依拠したものが多く見受けられるという点にある。

　後房雄によれば、「左翼には二つの『政治体質』がみられるという」。「一つは、自分が望むものをすべて得られないのなら、すべてをぶち壊すという『政治体質』（最大限綱領主義）であり、「もう一つは、自分はより多くを望んでいるが、しかし最終的には現状で得られるもので満足する、自分の目標や期待からすればわずかなものかもしれないが、わずかでもゼロよりはましだ、と考えるような『政治体質』である（改良主義）[32]」。

　この最大限綱領主義を端的に表現したならば、こちらが示す10の提案を10受け入れてもらえないのであれば結果は0でもよいという主義をとるということになる。このような社会変革に向けた実践は、自らの「正しさ」に固執するものであり、対話や交渉を回避し、その結果、多くは何ら具体的な変化を生みだすことはない。

　そもそも私たちは誰の代弁機能を担っているのか。それは、社会から度

＊31　サラ＝バンクス（前掲＊13）P.108
＊32　後房雄1997年10月24日「共産党は『普通の政党』になれるのか」『週刊金曜日』
　　　P.14。

外視され、排除され、抑圧された状況に置かれている人びとであることは言うまでもない。そして、後でも詳述していくが、排除・抑圧する側に圧倒的優位に構成された社会構造のもとで、排除・抑圧される側から社会課題を捉え、その変革を促進していくことがソーシャルワーカーには求められている。このいわゆる社会的弱者や少数派（「少数者」ではないことがある）の側からの交渉・対話の場面において、10の要求を10通すことが果たして現実的方法だといえるだろうか。もちろん、私たちは、このような不条理に憤りを有するべきだし、この不当な扱いに対する怒りを忘れるわけにはいかない。この「怒り」が社会変革の原動力となることは歴史に示されてきた事実であるからだ。

　他方で私たちには、このソーシャルワークの原点を含意しながらも、この圧倒的不利な状況下において、社会変革に向けた実践を展開し、そして、その結果を出すことが求められている。具体的な成果を上げるためには、10の主張をすべて通すことができなければ0でもよいという道はとるべきではない。1実現するために9を譲歩するような方途をとらざるを得ないと私は思う。ここでは、確実に1の変化を実現するということが重要となる。「譲歩」という辛酸を嘗める行為に落胆しそうにはなるが、それでも1は変革できるのだから、10に固執し1すら変容できない展開に比べ、その実践は人間の権利擁護に資すると私は考えている。

　もちろん、この実践においては、「譲歩」が迎合にまで凋落する危険性も否定できない。そこで、日ごろ私は以下のことを心掛けている。それは、自らの立ち位置を「白」か「黒」のいずれかに決めた上で、「グレー」に接近するという姿勢にある。仮にソーシャルワーカーの拠って立つ位置が「白」であったとしよう。すると、如上のようにソーシャルワーカーが「譲歩」を行う際、私たちは「白」から「グレー」の領域に入ることになる。しかし、「グレー」にも明度の濃淡があり、そこには、「白っぽいグレー」があれば、限りなく「黒に近いグレー」もある。ソーシャルワーカーの立ち位置を「白」とする以上、私たちの「譲歩」は、少なくとも限りなく「黒に

一章　なぜ「社会変革」は伸展しないのか　53

近いグレー」にまでは乗れないはずだ。このように、ソーシャルワーカーとしての「譲歩」の限界点を、事前に有しておくことは「迎合」に対する有効な予防策となるだろう。

　いずれにしても、「人びと」の視座を起点とした社会変革の促進は、10の提案の内、9、8を譲歩・妥協しながらも、確実に1、2を通していく交渉が不可欠となる。10の提案の内全てが受け入れてもらえないなら0でも良いという"変革"は何も生み出さないだろう。

「従来型」による「社会変革」の陥穽⑤
イデオロギーを起点とした変革
——社会の実体を捉えない「社会変革」——

　五つ目の問題は、イデオロギーに囚われた展開のあり方にある。この「イデオロギー」という言葉は、確かに多様な用いられ方をしているようだ。そこで、本書で「イデオロギー」を扱う場合、ニコラス＝ルーマンが指摘する次の特徴に着目することとしたい。

　　「イデオロギーは、基本的な問題の定義を明確にしないこと、意図を隠すこと、基本的な想定が暗黙のままであることにもとづいている」。「イデオロギーは、対抗イデオロギーをそのシステムに内包することによって、自己自身を安定させる」[33]。

　さらに、ルーマンによれば、このイデオロギーは経時的な変化を遂げるため、時代と共に変遷していくことに特徴があるとする。この経時的変化によって、ルーマンが以下に論じるように、「保守と革新」や「右翼と左翼」における其々の主張は、当初のものと比較して、もはや逆転現象すら生じているのが現状だ。

＊33　ニクラス＝ルーマン（前掲＊16）P.123

「イデオロギーは、自然に対する言及を、歴史的時間と社会の現状に対する言及にとって代えるのである。（中略）急速な社会変動によって、左翼と右翼とのあいだでトピックの交換が生じうるようになるため、文化的悲観主義、テクノロジー批判、手段としての『国家』への訴えなど、かつては保守的なトピックであったものが、いまや主として左翼陣営で議論される、などということが起こる[34]」。

　この立場の入れ替わりは、日本においても顕著であり、本来は、自然環境と伝統、文化を守るべき「保守」が、原子力発電を推進し、公共事業による環境破壊にとどまらず、これに伴うアイヌ民族の伝統と文化、言語を蹂躙してきており、また小学校におけるイギリス語教育の導入によっても文化崩壊を促進している一方で、逆に、「革新」がそれらを阻止しようとしているという双方の立場の倒錯がみられる。宇野重規によれば、「『保守』と『革新』という政治的ラベルが時代遅れになったと言われて久しい」が、「日本の有権者が政治をとらえる」際に、「この対立軸はまだ有効性を失っていない」としている[35]。そのうえで、「『保守』と『革新』が何を意味するかについては、かなりの変化が見られる」という。それは特に、40代以下の世代に顕著にみられ、例えば、保守的なのが公明党や共産党であり、もっともリベラルなのが日本維新の会という具合にである。であるがゆえに、宇野は、「若い世代にとって、どの政党を支持すべきかについて迷いがある以上、政党再編以上に、政党を評価する軸の再編が急務と言える」と述べている。そして、この「逆転現象」が最も顕著にみられるのが憲法論争である。上野千鶴子が指摘するように、それは、改憲と護憲の論争において顕著にみられる。つまり、「保守派」・「守旧派」が改憲をぶちまけ、「革

* 34　ニクラス＝ルーマン（前掲＊16）PP.128-129
* 35　宇野重規「（ひもとく）若者の政治意識　自明性を失う『保守』と『革新』」『朝日新聞』2019年6月15日

一章　なぜ「社会変革」は伸展しないのか　　55

新派」・「改革派」が護憲を主張するという奇妙な現象である。[*36]

そして、ルーマンはその理由を次のように指摘する。

> 「トピックの交換が示しているのは、イデオロギーが熱心に取り上げることが具体的になんであるかはそれほど重要ではないということである。そうした具体的事項は、もっと根本的な対立の遂行に奉仕するだけである。つまり、もっと根本的な対立は、その論理的根拠をあきらかにしてはならないので、つねに社会の現状の解釈という形式で現実化するのである」。

このように変遷しやすいイデオロギーを通して社会を捉えた場合、その実体が捉えにくくなるのは自明の理であろう。いや、ルーマン流に言えば、その実体を不明瞭なものにすることにこそ、「イデオロギー」の面目躍如があるようだ。では、社会の実体を捉えきれないなかで展開される「社会変革」とは、いかなるものとなるのだろうか。何をどのように変えようというのか。それは上記の「イデオロギーが熱心に取り上げることが具体的になんであるかはそれほど重要ではない」という事実に、イデオロギーに依拠した実践もまた連動することになるのだろう。

であればこそ、イデオロギーではなく、具体的な事実を起点とした社会変革を促進するソーシャルワークへの期待が浮上してくる（【下巻】「はじめに」）。個別具体的な人間の権利擁護の展開から、集団を変革し、地域を創造し、延いては、社会を変革していくソーシャルワーカーの実践は、ルーマンの指摘するイデオロギーに依拠した展開とは異なる成果を生みだすことになるからだ。実は、メアリー＝Ｅ＝リッチモンドも、以下のように、ソーシャルワーカーの手の届く範囲における「社会変革」の重要性を示唆している。

＊36　上野千鶴子（2014）『上野千鶴子の選憲論』集英社新書、P.117

「ケース・ワークについて、将来の社会的発達と関連させてできる
だけ長期にわたる展望を試みてみることは価値があるように思えるが、
しかし現時点において社会関係を強化し、調整することは、なお一層
注目に値する。われわれが認めているような世界、われわれが改善で
きるような世界が、よりよい未来に向かって開かれている唯一の道で
ある」[37]。

　そもそもルーマンは、複雑化した現代社会を代表表象することの限界を
指摘している。現下の社会をこういうものであると同定することは難しい。
いや誰にもできないであろう。社会の実態の捉え方は、立場や思想によっ
て実に様々であるからだ。そのような「実体のない社会」を変革する「社
会変革」もまた、その実体を伴っていないといわざるを得ない。

　では、ソーシャルワーカーは、社会の実体をどこに求めればよいのだろ
うか。追って論及していくが、私は、人びとのより身近にあって、そして
継続的に存在する家族・集団を含んだ地域社会の構造や人びとの間にある
関係性に焦点を合わせるべきだと考えている。この領域では、人びとの暮
らしに直接多大な影響を与えていることからも、人びとのエンパワメント
と解放を促進するためにも変容・創造が求められていることは明らかであ
る。また、すべてのソーシャルワーカーにとって、避けては通れない「社
会変革」の対象であるといえる。そして何よりも、その実体の把握がしや
すいばかりか、変革の過程や結果を評価・追跡しやすいという利点がある。

　そもそも、複雑化の伸展したマクロ領域の社会を捉える方法は、立場に
よって実に多様化し、その認識方法においても困難を極めている。かとい
って、客観的立場などはこの世に存在しないため、主観的立場から社会を
変えることにもちろん異論はない。社会変革は、主観的な展開からしか成

＊37　メアリー＝E＝リッチモンド（1991）『What is social case work? An introductory
description　ソーシャル・ケース・ワークとは何か』（小松源助訳）中央法規、P.109

一章　なぜ「社会変革」は伸展しないのか　　57

し得ない。この原則をおさえておくことは重要である。であるがゆえに、私たちの志向する社会変革には、イデオロギーが表出しやすい陥穽を孕んでいる。

「従来型」による「社会変革」の陥穽⑥
政治活動と政治への接近の停滞
──ソーシャルワーク専門職団体における政治的アプローチの不在──

　他方で、「従来型」の展開では、政治活動そのものや政治に対する働きかけなどは未着手・不十分といえる事態（例えば専門職団体・事業者団体・「人びと」及び家族による団体等の政治的アプローチなど）がある。もちろん、この中には、積極的な政治活動を展開している例も一部で見られるが、とりわけ、専門職団体における展開が脆弱である。

　髙良麻子も、「ソーシャルワークを政治から分離して考えることはできない」とし、「このような活動においては職能団体が果たす役割が大きいと考えられるが、理事等の関係者のみが担うことではなく、その会員であるソーシャルワーカーが主体的に活動することが必要であり、それがソーシャルアクションにつながっていく」としている。[38]

　また、国際的なソーシャルワークの動向から鑑みても、政治や権力への責任ある関与は、実践の前提として捉えられている。例えば、2016年6月ソウルで開催された「ソーシャルワーク・教育・社会開発合同世界会議」の開会式では、当時国際ソーシャルワーカー連盟（International Federation of Social Workers：IFSW）の Ruth Stark 会長は、ソーシャルワーカーは、人びとの尊厳の重要性を認識するだけでは不十分であり、実際の責任を果たし、行動しなければならないと述べ、そのためには政治家を関与させることが重要であると主張している。

　またその後の基調講演では、アルゼンチンの Silvana Martinez（国際ソ

＊38　髙良麻子（前掲＊5）PP.190-191

ーシャルワーカー連盟、ラテンアメリカ・カリブ海地域）が、現代の「社会的秩序」が、征服や搾取関係を前提としているとし、この「社会的秩序」は如何に根深くとも変革することができるし、この変革を否定することは、ソーシャルチェンジを否認し、ソーシャルワークを拒否することになると断じたうえで、この「社会的秩序」を変更するためには、政治への関与が必要であると訴える。そして、「権力や政治の話をしないで私たちはソーシャルワークの話ができるだろうか？」と参加者への投げかけも見られた。

　この会議では、その他の基調講演者として、イスラム連邦共和国のAbye Tasse がいた。Tasse は、移民・難民の支援に取り組んでおり、持続可能な社会構築の観点からも移住の尊重が重要であると論じ、これらの人びとの権利を守るためには、政治に働きかけることが重要であると提唱している。[39]

　因みに、前述の Silvana Martinez は、現在では、国際ソーシャルワーカー連盟（IFSW）の会長に就任している人物だ。さらに加えていえば、2018 年 7 月にダブリンで開催された本会議の基調講演においても、イギリスの Vasilios Ioakimidis が、「ナチズムなどの独裁主義に対して何千人ものソーシャルワーカーが立ち上がった」歴史がある一方で、ナチスドイツに加担したことや、植民地化においてもソーシャルワーカーの関与があったことを確認し、そのうえで、ソーシャルワーカーが政治的な抑圧に加担する形で存在していた歴史に目を向けるべきだと論じている。さらに「自分たちをテクニカルな政治的に中立な職業であると自覚すればするほど」、職場のなかでソーシャルワークの価値が発揮しづらくなるため、「理想的な政治的位置を考えながら、われわれの仕事のなかで、ソーシャルワーカーの政治的な活動・団結・結束、さらに国際的な結束が重要」であり、「国による暴力をゆるさないためにも、ソーシャルワーカーが国のメインストリームに入り込む必要がある」と政治的アプローチと同時に政府のなかに

＊ 39　中島康晴 2016 年 9 月「合同世界会議（開会式、基調講演等）」『公益社団法人日本社会福祉士会 NEWS　No.181』P.11

入り込むことの重要性に言及している。[40]

　そもそも、「人びと」の社会的権利の保障を目的とした「社会変革」は、広義の政治活動そのものであるといえる。これが意味するものは、あらゆるまちづくりの活動やNGO、NPOの取り組み、そして、何よりもソーシャルワーク実践そのものが政治とは無縁でいられないという事実にある。政治への関与には、本来の仕事とは異なる労力の創出やそれに巻き込まれるリスクも確かにあるが、多くのソーシャルワーカーが社会福祉関連法の下で仕事をしている以上、「人間の権利擁護」を志向した政治を中核に置く「社会変革」が求められることは自明の理となろう。この辺りの認識の欠如は、過去の社会変革に向けた実践の課題の一つとして捉えておかなければならない。

「従来型」による「社会変革」の陥穽⑦
対象とする社会や集団の「成熟段階」に応じて方途を変遷させていくことの欠如

　「人びと」の側からみれば、現下の社会が、排除の論理で成り立っていることは明白な事実である。よって、社会の改良・変革は、「人びと」や、その権利擁護を標榜するソーシャルワーカーにとってみれば、避けては通れない展開であるといえるだろう。しかし、「人びと」に対する排除の趨勢は、数十年前と比較すれば、決して十分とは言えないにせよ、若干の改善がみられていることも事実である。サービスの質の向上や物理的バリアフリー化などは、その本質的な点検と進行速度を度外視すれば一定の改良がなされているかに思われる。[41]また、「人びと」に対する差別や排除も、

＊40　中島康晴 2018年9月「2018ソーシャルワーク教育・社会開発合同世界会議」『公益社団法人日本社会福祉士会NEWS　No.189』PP.20-21

＊41　「サービスの質の向上」については、専門職の処遇悪化や非常勤化によって根源的な質の低下もみられているが知識と技術は向上しているように顧みる。「物理的バリアフリー化」についても、例えば、広島市内で走る路面電車のすべてが低床型ではないという欺瞞的・皮相的なものがみられることや、地下鉄等の建築構造を顧みても、エレベーターはかなり大回りしなければ利用できない現状があるなど、これを手放しに容認するわけにはいかない課題が残されている。

対象によっては低減の傾向がみられるものもある。少なくとも、認知症の人に対する排除の論理は、数十年前よりも確実に衰微していると私自身は実感している。

　以上みてきたように、もちろん不十分な状況ではあるものの、社会構造が改善の兆しを見せている状況下においては、やはり、社会変革の方途は、それに付随して変遷させていくべきだろう。八章でも論じていくように、ソーシャルワークがマニュアル化できない実態を鑑みれば、ソーシャルワーカーの置かれた環境や実践対象の状態に応じて、実践方法を転換させていくことは自明の理であるからだ。

　もちろん、「人びと」が完全に黙殺され、その声すら挙げづらい構造下においては、この不当な扱いに対する怒りに委ねた闘争や弾圧、糾弾を辞さない姿勢は不可欠となろう。次節と十章でも論じるが、この「怒り」こそが、いつの時代においても、社会を再創造する際の起点となっていることは歴史をみるに明らかである。しかし、社会の構造が変化を遂げ、「人びと」への排除が和らいでいくならば、言い方を変えると、社会の成熟度が増していくにつれて、社会変革の方途も変遷させていく必要があるのではないだろうか。実践や運動の成果として、社会構造がそれなりに変化を遂げている現状を眼前にしながらも、旧態依然とした実践を繰り返すことに対してはつい違和感を抱いてしまう。

　歴史から未来の展望を探るならば、部落解放運動や公民権運動においては、この種の陥穽が顕著にみられている。対象の変容とともに実践の方途も変えていくということが、社会変革の成就に欠かせないという観点をここでは指摘しておく。仔細は、次節と十章に譲るが、本節においては、この案件を７つ目の項として立てておきたい。

一章　なぜ「社会変革」は伸展しないのか　　61

●これからの社会変革の端緒をさぐる

「社会変革」を阻害する本質的要因

　以上みてきたように、私たちは、イデオロギーに依拠した「社会変革」から離れ、政治的アプローチも含めた具体的な事象に基づく「社会変革」を展開しなければならない。そして、その実践の手掛かりとして、本書では、地域で暮らす人びとの関係構造及び地域住民のアイデンティティの変化を促すソーシャルワークを発展させる必要を訴えていく。

　だからといって、如上における過去の異議申し立てが伸張してこなかった原因を、運動や実践のあり方にのみ押し付けるわけにはいかない。その本質的な要因として、一つは、経済的力学や言語（文化）帝国主義などを背景とした一部の人びとによる優位的な価値規範としての「普通」「常識」「公理」などが、まるで、「中正公立」「不偏不党」といった社会を構成するすべての人びとの普遍的な価値観としてあるかのように巧妙に装置されていることに加えて、今一つは、この虚構的・画一的な価値規範に対して受動的・非創造的であるがゆえに、馴化と同調指向の強い日本人の特性によって形成されてきた社会構造自体が、いわゆる社会的弱者や少数派の異議申し立てに不寛容であることにこそ求められるべきであろう。つまり、この社会構造の背景には、資本主義の力学や「文化的不公正」、公教育における欺瞞性が認められ、このことは拙著『地域包括ケアから社会変革への道程【理論編】』（批評社）において、ソーシャルワーク実践とジャーナリズムの視座からかなり踏み込んだ検討を重ねてきた。[42]

＊42　中島康晴（2017）『地域包括ケアから社会変革への道程【理論編】　ソーシャルワーカーによるソーシャルアクションの実践形態』批評社

正当性のある運動が失速する理由
――「至当性」を抱懐しつつも、社会環境の変化に応じて実践の方途を変更する――

　ここで、先にひとつの結論を披歴しておくが、「従来型」の「社会変革」における起点そのものは重要であり、正当性が認められるべきだと思う。前節でも言及し、また十章でも述べていくが、不当な扱いに対する「怒り」こそが、社会を変える原動力となり得ることは部落解放運動・公民権運動・同性愛者解放運動等あらゆる人権運動をみて明らかなように歴史が示す事実である。この正当なる「怒り」を中核に据えた「社会変革」は、「不当な扱い」に加担している自覚の希釈した鈍感な人びとに、その認識を促し、具体的な改善の一歩を踏みださせることには大いに貢献してきた。いや、このような憤りを背景にしなければ、却って、これら運動の成果は見られなかったであろう。

　問題は、この「怒り」に依拠した「糾弾闘争」や「行政闘争」などの圧力的な運動を社会の情勢に応じてうまく変換させていけなかったことにある。つまり、十分とはいえないにせよ、運動の揺籃期に比べ、その運動の成果として人びとの人権感覚が一定程度醸成されてからも、この実践の方途を維持し続けたことに誤謬があったのだ。

　その結果、部落解放運動による水平社宣言や公民権運動の「ブラック・イズ・ビューティフル」は、「疑似民族主義」であると主張する人たちが現れる。部落問題においては、例えば、藤原宏や藤田敬一であり、黒人問題では、『黒い憂鬱』の著者シェルビー＝スティールなどが挙げられる。[43] その中で藤原宏は次のように指摘している。

　　「『部落』の先祖たちだけの固有の生産と労働、そして輝かしい文化と技術、反差別の闘いの歴史というものをとりたてて称賛し、その固

─────────────────────
＊43　シェルビー＝スティール（1994）『黒い憂鬱――90年代アメリカの新しい人種関係』（李隆訳）五月書房

有の子孫としての『部落民』である自己の誇りを確認するという、この間の部落史教育と、それに基づく部落民宣言のあり方は、部落排外主義でしかありえません。『部落民としての誇り』という思考の枠組みは、明らかに転倒した論理です。（中略）『部落民としての誇り』という逆立ちした意識は、日本列島に住み、生き、闘ってきた無名の民衆たちの子孫としての誇り、人間としての誇りへと、止揚されるべきです。貧困と悲惨の部落史観からの脱却を焦る余り、排外主義の誤謬に陥ることは避けるべきではないでしょうか」[44]。

　私はこれらの主張に賛同する立場をとる。

　他方で、ソーシャルワーカーは、上記の「怒り」が創出されてきた経緯を踏まえておかなければならないだろう。

　不当な扱いに対する「怒り」、そして、その権利侵害の大きな要因としての「優位的な価値規範」に対する新たな価値の創造として、1920 年代に水平社宣言の「吾々がエタである事を誇り得る時が来たのだ」のくだりがあり、1960 年代には黒人による「黒は美しい（ブラック・イズ・ビューティフル）」、1970 年代の欧米の同性愛者たちの「クィア」という主張が生まれた。これらは、「優位的な価値」観における象徴的な負の呼称（「エタ」「黒」「クィア（オカマ・変態）」）によって「虐げられてきた側」が、その負の表象を正の価値観に置換しようとする運動でもあった。

　このこと自体の正当性は、以下に示す藤田敬一の指摘をみても明らかであろう。

　　「差別をうけるかもしれないという『おののき』は表面にはなかなか現われないものだ。（中略）差別的言動にたいする一つの訴えや指摘の背後に無数の隠忍・諦観・逃避・憤怒の思いが隠されているとみ

＊44　藤原宏（1993）『象徴天皇制と部落幻想──終焉への途上にて』三一書房、PP.264-265

なければならない。大衆社会化の進行とともにパスしうる可能性が大きくなったとはいえ、いつなんどき出合頭に差別に遭遇するかわからない。絶対に遭遇しないという保証はない。それだからこそ、差別的言動の事実を訴えるには、覚悟、決意、勇気が必要となる。しかし発言者の多くは日常的生活感覚の中にどっぷりつかっているから、その訴え、指摘の意味が理解できないばかりか、異質物が体内に入り込んできたように感じて不安におそわれ、心配になる。あげくのはてには、その責任を相手に転嫁する。かくして加害と被害が逆転する。人びとのいだくこのような不安、心配の責任まで『被差別』側が負わなければならないとするなら、なんとも割にあわない話ではある[45]」。

　この運動の至当性、即ち、以下に示すパウロ゠フレイレのいう「抑圧された者」こそが有する人間の解放に向けた社会変革への潜在力を抱懐しながらも、社会の条件・関係・価値観の変遷に対応してその方法を変容させていくことが私たちに求められていると思う。今、多くの運動・実践に求められているのは、対立や分断を乗り越えた信頼に基づく対話やかかわりによる相互理解の促進にあると私は考えている。なぜならば、私たちの最終的な目的は、「部落民」だけの、黒人のみの、障害者にだけ限定した解放ではなく、すべての人間の解放を志向しているからだ。

　　「抑圧されている人たちよりも、抑圧的な社会の恐ろしさを理解できる者がいるだろうか？抑圧される者から生まれる力だけが、両者を共に解放する強さをもちうるということを、抑圧された者以外によく知っている者が、他にいるだろうか？自由の必要性を、彼らよりも切実に理解できる者が、どこにいるだろうか？解放は偶然にもたらされるものではなく、解放を求める実践を通して、その闘いの必要性を認

*45　藤田敬一（1987）「差別をめぐる二つのテーゼ」『同和はこわい考――地対協を批判する――』あうん双書、P.56

一章　なぜ「社会変革」は伸展しないのか　65

識し、再認識することによってはじめて解放に向かっていく」*46。

　このことに前提を置きながら、前項で示した「従来型」「社会変革」における陥穽に留意しつつ、これらの改良を企図すると同時に、髙良によるソーシャルアクションの「協働モデル」のような、具体的でかつ実現可能な新しい抵抗の方法を導き出していく必要があると考えているのだ。

地域を基盤としたソーシャルワークの「社会変革」の可能性

　議論の理解を進めるために、敢えて冒頭から結論を述べれば、この実行可能性の高い現実的な実践は、地域を基盤に置いたソーシャルワークに委ねられていると私は考えている。そもそも国際的・歴史的にみても、ソーシャルワークにはコミュニティのエンパワメントが内含されているため、これは何も新しい視点ではない。しかし、ここでいう「地域を基盤に置いたソーシャルワーク」は、従前から言及されてきた「コミュニティワーク」や昨今巷でもてはやされている「コミュニティソーシャルワーク」とは一線を画したまさに「ソーシャルワーク」そのものを指す。

　仔細は後述するが、端的に述べれば、そもそも、ソーシャルワークの中核的な実践そのものが本来は地域を基盤としているためだ。いや、地域を基盤としないソーシャルワークはそもそもソーシャルワークたりえないとさえ断言できる。なぜならば、人びとにとって、日常的・継続的な存在であり、直接的で、最もその暮らしに多大な影響を及ぼしている社会環境は、地域社会そのものなのだから、人びとと地域社会との関係構造や地域社会への介入無くして、ほぼすべてのソーシャルワークは成立しないはずだからだ。そのソーシャルワークに敢えて「コミュニティ」を装飾する必要はもはやあるまい。

　岩間伸之は、「コミュニティソーシャルワーク」と「地域を基盤とした

＊46　パウロ＝フレイレ（前掲＊12）P.24

ソーシャルワーク」について同様の意味合いで用いているようだが、以下のようにも述懐している。

　「そもそも『地域を基盤としないソーシャルワーク』は存在しないはずである。すべてのクライエントは地域で生活を営んでいる。このことは、『地域を基盤としたソーシャルワーク』とは、決して新しいソーシャルワーク理論ということではなく、理論上では従来から明確にされ、また重視されながらも、実践上では十分に遂行されてこなかったソーシャルワークの本質的な実践に再度光を当てたものと表現できよう[47]」。

　なるほど。であるならば、むしろ、これを敢えて、「コミュニティソーシャルワーク」などと呼ぶ必要はあるまい。昨今私たちの領域では、ソーシャルワークの分断ともいえる動きが顕著である。昨今の産業ソーシャルワーカーやスクールソーシャルワーカー、リーガルソーシャルワーカー、コミュニティソーシャルワーカーなどの勃興と、従来からある医療ソーシャルワーカー、精神科ソーシャルワーカーなどの分野別ソーシャルワークの存在がある。現在のソーシャルワークの置かれている状況を鑑みれば、今必要なことは、ソーシャルワークの類型化・細分化を推進することではなく、むしろ、散漫化してしまったそのアイデンティティの収斂と共通理解を再構築することにあるはずだ。ソーシャルワークの価値・理念の共通理解が不十分である状況下において、新たなソーシャルワークを創設することは、この共通理解に対する阻害因子とさえなり得る。私にとっての「コミュニティソーシャルワーク」とは、そのような存在となっている。
　いずれにしても、私たちは、人間の尊厳保障を決して諦めることなく、しかし、旧来の対抗手段の復興を模索しつつも、新たに別の方法を探求す

＊47　岩間伸之（2011）「地域を基盤としたソーシャルワークの特質と機能」ソーシャルワーク研究所『ソーシャルワーク研究37-1』相川書房、P.18

一章　なぜ「社会変革」は伸展しないのか　　67

る段階にきているのではないかと思う。繰り返しを厭わずに述べるが、私のこの見解は、過去にあった異議申し立て自体が、社会正義や人権尊重の観点から、今も、瞭然として正当性のある主張であったこと自体に異論をはさむものではない。

　例えば、真田是らの『戦後日本社会福祉論争』における「社会福祉を自助＝相互扶助化することで、国家を社会福祉から『解放』し、社会福祉領域に対して超然たる存在にしてしまうということ」に対する反抗や[48]、その後の河合克義らによる『福祉論研究の地平』においても、1970年代の「福祉見直し論」から1990年代後半以降の社会福祉基礎構造改革に至るまで、人間の生存保障と尊厳保障を毀損してきた制度・政策の根源を幅広く辿りつつ本質的な批判の痕跡がみられる[49]。彼らの主張は、社会福祉領域からの社会政策に対する本質的な示唆を与えるものであり、これらの仕事に対して、同じ社会福祉の専門家として今も敬意を強く払い続けている。

　このような主張の正当性を支持しつつも、主としてマクロの領域に注目し、あるべき社会のあり方を語り、政府の制度政策に反抗の意を表明するだけの実践では、この社会は変わらなかったし、状況は翻って深刻化したという側面を受け止めるべきではないだろうか。

　もちろん、これら従来の運動勢力が削がれた要因は、先述の社会構造とは別に、多くのソーシャルワーカーにマクロ分野や社会構造の本質を捉える姿勢が根本的に不足していたことも大きな反省点として歴史的な総括をしておく必要はあるだろう。よって、その異議申し立ての力及びその勢力を後押しする力があまりにも弱すぎたという猛省すべき点はある。そして、短期的・狭窄的な議論に参画し、さしたる抵抗もすることなく、結果として、新自由主義を社会保障の領域に蔓延させるという帰着を享受し後押ししてきた社会福祉専門家は、批判のそしりとその責任から免れることはないだろう。

＊48　真田是（1979）「序」：真田是編『戦後日本社会福祉論争』法律文化社、P.2
＊49　河合克義編著（2012）『福祉論研究の地平　論点と再構築』法律文化社

他方で、この様な「従来型」でマクロ領域の社会変革に向けた運動が、結果として、多くの共感を生み、拡大し、盛隆することはなかったという事実がある。それは、この運動にかかる主張の内容がいくら「正しく」とも、これら運動や展開が多くの人びとから受け入れられなかったことを意味している。であるならば、ここに、抵抗の方法を再検討する必要が浮上してくる。私たちの社会は、「従来型」の「社会変革」の方途を再構築させることと共同歩調で、いま新たな異議申し立ての方法を模索する段階にきている。そして、私は、その方法のとば口は、「地域」にあるとみているのだ。

●地域で「共感」を創出する「社会変革」への挑戦

伸展しなかった「従来型」の「社会変革」に向けた「実践」

　旧来からの「社会変革」の方法とその範囲は、マクロ領域の制度・政策の変更を射程におさめたものが主流であったといえる。

　ところが、マクロ領域で、社会を変容することは容易でないばかりか、実はその実態と方法も明らかではない。よって、そのような実践や職務も未確立のままである。もちろん、国内では埼玉県内における藤田孝典らによる「反貧困のソーシャルワーク実践」に代表される実践なども一部で存在し[50]、世界的にはラテンアメリカ・カリブ海地域を中心に勃興がみられるが、それ以外では、これといった取り組みは正直見当たらないし、少なくとも普遍化しているとはいいがたい。前述したように、研究に至っても全く同様の体たらくである。しかし、このような「社会変革」の停滞を招いている責任が、実践・研究・教育の何れにあるのかと問われれば、岡田徹の以下の論考に照らして明らかなように、「実践」に重きが置かれてしまうことは否定できないだろう。

＊50　藤田孝典、金子充編著(2010)『反貧困のソーシャルワーク実践　NPO「ほっとポット」の挑戦』明石書店

「実践・教育・研究という3要素は、この順番に意味がある。これ
は発生の機序である。福祉は歴史的にみて、まず実践があり、それに
関わる従事者の養成としての『教育』がそれに続き、その後、学問・
研究が後追いしてきたということである」[51]。

　もちろん、実績や前例がない、方法が不明瞭だからといってその追究を
諦めろと主張するつもりは毛頭ない。その方法を模索し、その流れを伸展
させていくこと自体に、ソーシャルワークを発展させる大きな意義がある
だろう。そのうえで、私が主張したいのは、ソーシャルワーカーが市井の
趨勢に抗うための「社会変革」をすすめていくために、最も有効でかつ実
効性の高い方法は、まずは、地域のあり方を変革していくことにあるとい
うことだ。

「地域変革」から「社会変革」への道程——地域のもつ潜在力と豊潤性——

　ここでいう地域変革は、旧来から述べられているコミュニティオーガニ
ゼーションやコミュニティワークとは異なる側面を有している。つまり、
基礎自治体やその支所圏域等のある程度大きな単位における自治体の関与
のもとでの計画化された実践とは一線を画すものだ。私の捉える地域変革
の単位は、個別具体的な課題を可視化しそれが共有できる範囲であるので、
わかりやすく言えばどんなに広くとも小学校区までを想定しており、基本
的には自治会やその中の班や組の領域を視野に収めたものとなる。この圏
域における個別具体的な地域支援・個別支援の活動において地域住民の参
加を促進し、その場で起こる相互変容・学習の伸展の先に、多様性・互酬性・
信頼性の担保された地域社会を創造することを企図しているのである[52]。

＊51　岡田徹、高橋紘士編著（2005）『コミュニティ福祉学入門　地球的見地に立った人間
　　　福祉』有斐閣、P.16
＊52　五章で提示していくが、私たちの実践は個別支援のみならず地域支援の展開も同時

「ニューヨークタイムズ」のコラムニストであるデイビッド＝ブルックスは、次の時代を方向づけるのは、自由主義でも、保守主義でも、大衆迎合主義でもなく、地域主義（ローカリズム）であるとする。そして、「ローカリズムの文字通りの意味は権力構造をひっくり返すこと」であると同定し、この「真の革命」は、大都市に権力と人材が集中する中央集権を強化してきた社会から、「目に見える変化を起こせる地方」で「実際に仕事が行われている」現場において、その地域に必要な知識に基づいて実現されていくと説く。また、そこでの成功は、「どれだけ大きなスケールでできるかではなく、どれだけ深く関われるかによって決まる」という。つまり、ローカリズムには、「国家の様々な問題を一度に解決する方法などないという考え方が根底」にあり、「人々が互いに顔の見える思いやりある関係の中で、自分たちのコミュニティーを一緒に築いていくときにこそ最も幸せなのだという考え」が内含されているとする[53]。

端的に言えば、社会変革の実体が捉えやすく、その過程と結果が実感しやすい地域における改革を推奨しているのである。そして、この改革の起点は、「実際に仕事が行われている」現場にあり、個別具体的な事例から端を発すると述べているのだ。

ソーシャルワークの領域では、サラ＝バンクスが、これからの社会変革にむけた展望について以下のように述べている。

　　「より最近のラディカルで変革的なソーシャルワークの見解では、個人的でローカルレベルの微細な変革についての働きかけが提起されている」[54]。

に行っていることに特徴がある。
＊53　デイビッド＝ブルックス「（コラムニストの眼）地域主義の復活　人間味のある緩やかな革命」（『ニューヨークタイムズ』2018年7月19日付抄訳）『朝日新聞』2018年7月28日
＊54　サラ＝バンクス（前掲＊13）P.64

ただし、このことは何も「最近の」「提起」ではなく、先述した通り、メアリー＝Ｅ＝リッチモンドからも指摘がなされていた観点である。

社会福祉関連法に位置づけられた事業に雇用されているソーシャルワーカーが多いことからも、制度・政策の変更を含めたマクロ領域の「社会変革」はもちろん重要である。他方で、被雇用者としてのソーシャルワーカーに、このマクロ領域の「社会変革」を要求することは、過当な請求になるのではないかとも思う。加えて、実体を伴わない社会変革は、如上で示してきたように、イデオロギー闘争に埋没してしまう恐れがある。

少なくとも日本のソーシャルワークにおける社会変革を促進するためには、マクロ領域の変革を意識しながらも、すべてのソーシャルワーカーが関与を避けることができないメゾ領域の変革を想定する必要があると思う。

では、このメゾ領域の変革の起点はどこにあるのだろうか。それは、上記でも若干触れた人間の関係構造の変容にある。さらに言えば、この関係構造の変容は、人びとのアイデンティティの変革へと連なっていく。本書では、この関係構造の変容を、それまで疎遠な傾向にあった多様な人びとによる対話とかかわりのあり方より見いだし、この「出逢い直し」を通じて促進していくことの重要性と可能性について理論と実践の双方の側面から描いていく。[*55] そして、このような具体性と個別性の高い人びとの関係構造を変容できる場所は地域において他にはない。このような地域のもつ可能性と豊潤性に私たちは十分に留意しておく必要があるだろう。

地域の両価性

このことを下敷きにしながら、一方で、この「地域」は、人びとを排除することと包摂することの両価性を有していることも周知の事実である。地域をただ単に楽天地として受け入れることは危険である。これは私たちが実践において必ず直面する問題であり、これを回避することはできない

＊55 「出逢い」と「出会い」の使い分けについては凡例2参照。

だろう。人間のニーズや地域のそれは常に変遷するものであり、最終形態として明確な地域包摂の姿があるわけではなく、それが固定化され得るものでもないからだ。地域包摂は、それをただ志向し続けるものであり、それを諦観することで遠のいていくものでもある。これは、当然のことであって、あらゆる差別が世の中から無くならないことと同義である。この場合、差別からの解放を求めた闘いを続けていくことこそが、「差別の解放」に向けた唯一の道筋であると捉えるべきだ。

　地域包摂や権利擁護も同様に、地域でみられるひとつ一つの黙殺や差別、排除の関係を理解や包摂、支援の関係へと昇華を果たしていくことが求められる。私たちは、この実践の堆積を通して、地域における度外視・無関心・無理解・恐怖・不安・排除といった「負の関係」を抑制し、対話・理解・配慮・信頼・包摂という「正の関係」を増幅させていく地道な展開をはかる必要がある。しかし、一つの「負の関係」から「正の関係」への変化が実現したとしても、また同じ地域では新たな「負の関係」が生まれるだろうし、「正の関係」が「負の関係」へと凋落することさえあるだろう。

「促進者」としてのソーシャルワーカー

　これに加えて、重要なことは、ソーシャルワーカーが地域をつくるのではないということだ。地域をかたちづくるのは、そこで暮らす多様な住民である。ソーシャルワーカーは、その価値に則り、社会の変革を促す責務がある。ソーシャルワーカーは、人間の社会的権利の保障のために社会変革を促進する。これは、広義においては明白な政治的実践であるといえるだろう。しかし、それは、ソーシャルワーカーが主体となって社会を変えるということにはならない。もちろん、ソーシャルワーカーが議員となることや、自治体の首長になったり、また行政機関の管理職となって社会を実際に変えていくことはあるだろう。しかし、この場合、彼らはソーシャルワーカーの立場でのみ社会を変えているのではない。それ以外の職務によっても社会を変える働きをしているのだ。ソーシャルワークの実践原則

ともいえる「自己決定の尊重」や「側面的支援」はこのことを如実に示している。

　では、ソーシャルワーカーの仕事は何か。それはやはり、社会構造における力学に注意を払いつつも、多様な人びとの相互理解・学習を促すことにあるのではなかろうか。それは、2000 年の国際ソーシャルワーカー連盟（IFSW）の定義にある「人間関係における問題解決」やこの 2000 年の定義から現在の 2014 年の定義に至るまで示され続けている「人々のエンパワメントと解放」へと逢着する。つまり、地域社会において、具体的に認められる排除されている人びとの暮らしの困難とその存在を可視化し、これらの苦難を分かち合うことのできる関係を地域社会に根付かせていくことを促進する人がソーシャルワーカーであると私は考えているのだ。もし、これが実現したらならば、その地域の多くの住民間の関係構造が、「負の関係」から、「正の関係」へと変換され、信頼性・多様性・互酬性に裏打ちされた地域の創造へと大きく貢献するであろう。

　私たちソーシャルワーカーにできるのは、このような相互学習の機会を人びとに提供することであって、そこでの相互理解を果たした人びとが、どのような地域を構築するのかは、その人びとに委ねられていると捉えるべきであろう。私たちには、高橋満がいうように、「社会福祉とは制度によって人びとを排除する機制でもあること」への理解やソーシャルワーカーが自らの専門性の限界を確認すること、そして専門職として謙虚な姿勢を保持することが求められている。[56]

　であるならば、コミュニティオーガニゼーションやコミュニティワークのような自治体による一定の関与があるなかで、市町村や支所単位で実施される組織的・計画的な展開よりも、より狭い地域における個別支援や地域支援を経由して、様々な立場の地域住民による相互理解を促進すること、これらを積極的に堆積していくことの方が、本来のソーシャルワークに適

＊56　高橋満（2013）『コミュニティワークの教育的実践　教育と福祉とを結ぶ』東信堂、P.15

しているし、このような実践を後押しした方が、「社会変革」や権利擁護の実践はより大きく普及されていくと考える。

　私自身は、大きく次の二つの観点によって、コミュニティオーガニゼーション・コミュニティワークと、「出逢い直し」の実践を切り分けて捉えている。一つは、対象圏域の大きさである。私たちは、ひとりの人間の暮らしの困難をみんなで分かち合える地域を対象圏域として踏まえている。私たちの実践における対象圏域を平均すれば、200 から 300 世帯を対象としていることがわかる。これは。一般にコミュニティオーガニゼーション・コミュニティワークで捉えられている圏域よりも随分と狭いことがわかるだろう。

　今一つは、組織化や計画化に対する専門職の関与はより限定されるべきであるとの考え方にある。もちろん、政府や自治体が主体となって運用する計画に対しては、地域住民と協働で、折節、地域住民を代弁する形で様々な関与をソーシャルワーカーは担わなければならない。そうではなく、地域住民がどのように組織化を図り、どのような計画に基づいてまちづくりを展開するのかについては、専門職の関与はより小さい方が好ましいと考えている。むしろ、行政や専門職主導の組織化・計画化こそが、住民主体のまちづくりに水を差しているのではないかとさえ邪推してしまうほどだ。イヴァン＝イリッチも、制度化・計画化による「期待」が人びとの主体性と創造性を喪失させるといっている。それよりも、多様な他者に対する信頼こそが人類の存続には欠かせないとしているのだ。[57] そのため、専門職の関与は、その価値に基づいた方向づけであったり、最低限の調整にとどめるべきであり、地域住民が自発的に行うのが真のまちづくりであると考えている。

　ソーシャルワーカーは、地域における多様な人びとによる「出逢い直し」を実現させ、その相互理解を促進することにこそ真骨頂があり、この相互

───────────────────

＊ 57　イヴァン＝イリッチ（1977）『脱学校の社会』（東洋、小澤周三訳）東京創元社、PP.190-212

理解を通じて、地域に多様性・互酬性・信頼性を醸成することにこそ照準を定めるべきであろう。当然のことではあるが、この「出逢い直し」が人間の尊厳保障に資するように、その結果に対して、ソーシャルワーカーは責任を負わなければならない。その一方で、このような視座を獲得した地域住民が、どのようなまちづくりを志向するのかについては、むしろ、最大限地域住民に委ねるべきであると考えているわけだ。従って、自治体や政府の計画へ参画する際は、このような地域におけるソーシャルワークの展開を各地で敷衍していくために必要な提言を行うことが第一義となるだろう。

　以上の私の考え方は、岩間伸之による「地域を基盤としたソーシャルワーク」に近いものがある。岩間は、このソーシャルワークの機能として、「①広範なニーズへの対応、②本人の解決能力の向上、③連携と協働、④個と地域の一体的支援、⑤予防的支援、⑥支援困難事例への対応、⑦権利擁護活動、⑧ソーシャルアクション」を位置づけている。このなかで特に私たちの実践と近似性の高い項目は④と⑧である。[58]

　④については、八章において、私たちの実践と整合する点とそうではない事項について詳述するため、ここでは⑧に限定して論及しておく。

　ここで岩間は、「個別支援から当事者の声を代弁したソーシャルアクションへと展開していくこと」の重要性を指摘しており、「『本人主体』の視座に立脚してソーシャルワーク実践に取り組めば、必然的に『地域を基盤としたソーシャルアクション』につながること」が論証できるとしている。つまり、地域における個別支援の展開によるソーシャルアクションの存在を認めるものとなっている。この点が、地域を起点とした社会変革を標榜する私たちの実践と整合する。

　他方で、岩間は、このソーシャルアクションへの展開の先に、「社会資源の開発と制度の見直し、住民の参画と協働による地域福祉計画等の策定、

＊58　岩間伸之（2014）「生活困窮者支援制度とソーシャルアクションの接点」ソーシャルワーク研究編集委員会『ソーシャルワーク研究40-2』相川書房、PP.113-123

多様な地域住民を巻き込むソーシャルインクルージョンの推進」を挙げている。ここに挙げられたすべてに対してではないが、地域住民の組織化と計画化が含意されたコミュニティオーガニゼーション・コミュニティワークが射程に収められているように見受けられる箇所が私たちの実践との相違点であるといえる。

ここでは、ソーシャルワークにおける「社会変革」の多くが、地域をとば口として展開されていく必然性について論じてきた。しかし、現下の地域社会では、「人びと」の排除が顕著にみられるのが現状だ。そして、これを具体的に乗り越える方途の開発を私たちは必要としている。

地域で排除される人びと

経済の効率性を優先した新自由主義の蔓延と相まって、いま全国各地における社会的連帯は希釈し、特に、分断社会に象徴される階層間において無関心・不安感・排除の傾向が顕著となっている。この環境下で、暮らしに困難のある人びとは、孤立無援の状況にあるばかりか、地域において排除の対象にすらなりつつある。

昨今高齢者の単独世帯と夫婦のみの世帯が急速に拡大しているが、その世帯の中で、加齢に伴う症状としての認知症が増えてきている。一人暮らしの認知症の人は、社会環境との不適合によって何らかの生きづらさを抱え、その不安やストレスから BPSD（Behavioral and Psychological Symptoms of Dementia：BPSD「認知症の行動と心理症状」）が多頻度に表出しやすくなる。日常的にその BPSD の対応に迫られるのは近隣に住む人びとである。一般的によくある例を列挙すると、ゴミ出しの日を間違えることや無断で余所の家の敷地に入ること、「一人外出」で行方不明になること、「火の不始末」があることなどが挙げられる。

このように、BPSD の顕著な認知症の人に出逢った地域住民は、特に、認知症の人とそれまでに接触体験などがない場合、不安と恐怖を感じるようになり、やがてそれが排除の意識へと連なることが少なくない。「この

一章　なぜ「社会変革」は伸展しないのか 77

ような人は、一人暮らしなどできない」、「早く鍵のかかった施設に入れた方が良い」、「精神科病院に入院した方が良い」などといった地域住民の声はよく耳にする訴えだ。他方、認知症やその他の障害があっても、自宅での暮らしを望んできた「人びと」にとって、施設や病院などへの「移住」をこの時点になって希望する人はほとんどいない（私は、今まで一人も出逢ったことがない）。

　重大な自傷他害のない限り、どこで暮らすのかを決めるのは本人である。この暮らしの拠点を選択するという自由が含意された重大な自己決定を支援すること、すなわち、尊厳を保障していくためには、BPSD の背景にある「人びと」の不安やストレスなどの本質的な要因を緩和するための支援と同時に、地域住民の認知症の人に対する理解や協力を引き出す取り組みが求められる。認知症の人の施設等を建設する際には、未だに、施設の中から「人びと」がこちらを覗き見しないようにと、目隠しとなるフィルムを窓ガラスに貼ることや丈の高いフェンスを設けることなどを要望してくる地域住民がいることや精神障害のある人や刑余者の施設などにおいては明確な反対運動がおこることがある。はたまた昨今では、園児が園庭で活動する際の声や園児の送迎時による車の混雑などを理由に、保育園の開設反対の運動やそれが高じて訴訟に発展する事例すらみられる。これは認知症の人だけを取り巻く問題ではない。今や、暮らしに困難のある人びとの権利擁護をなすためには、障害のある人とない人や、富裕層と貧困層、子育て中の世帯と介護中の世帯などの階層間における相互理解を促進する展開が求められているのだ。これは、他者の困難を浮き彫りにして、その共有を促す実践でもある。

　以上みてきたように、私たちの社会では、地域で暮らす人びとの度外視・無関心・無理解・不安・排除の関係を、信頼性や互酬性、多様性の尊重に帰着する対話・理解・配慮・包摂の関係へと変容していく「社会変革」が求められており、それはマクロ領域の制度・政策の変更をすれば直ちに解決をみる問題であるとは決して言えそうにない。むしろ、人びとが日常的・

継続的に顔を合わせる地域においてこそ、変革の素地が備わっているといえる。従って、排除と包摂の両価性を備えつつも、地域とは、上記のような潜在力を秘めた豊潤な場所であるとする共通理解がソーシャルワーカーに求められているということになる。

一章　なぜ「社会変革」は伸展しないのか　79

二章
人間の尊厳保障を阻むもの

●人間の尊厳を毀損する 2 つの視座

「経済的不公正」と「文化的不公正」を乗り越える

　私は、ソーシャルワークの障壁ともいえる人間の尊厳を毀損する要因を以下の 2 つに求めることにしている。当然のことながら、この両者は、相互作用及び一体的な関係であることに加え、ソーシャルワークの中核的実践としての「社会変革」を促進するために、便宜上理念型として私が創出した項目であることをまず初めに吐露しておく。

> Ⅰ 人びとの社会的権利を保障する社会保障を中心とした（雇用・労働・教育・住宅・文化・芸術・自然環境保全・防災などを含む）制度・政策の減退。
> Ⅱ 人びとの互酬性と多様性、信頼の関係の稀釈。

　少し視座を移して捉えれば、上記 2 つの範疇は、社会正義を妨げる要素としてナンシー＝フレイザーが挙げている「経済的不公正」と「文化的不公正」の相似形にあるといえるだろう。[*1]

　フレイザーによると、「経済的不公正」は、「社会の政治経済的な構造に

＊1　ナンシー＝フレイザー（2003）『中断された正義 「ポスト社会主義的」条件をめぐる批判的省察』（仲正昌樹監訳）御茶の水書房、PP.19-62

根ざしている」ものであり、「搾取（ある人の労働の成果を他の人たちが私用すること）、経済的なマージナル化（望ましくないあるいは低賃金の仕事に従事させられること、または高収入につながる労働へのアクセスを拒否されること）、剥奪（最低限の物質的な生活水準が奪われていること）といった状態」を例として挙げている。

また「文化的不公正」については、その「不公正の分析は文化的あるいは象徴的なもの」であり、「表象、解釈、およびコミュニケーションの社会的パターンに根ざしている」とする。またその例としては、「文化的支配（他文化と結びついていること、もしくは、自文化とは異なるか敵対している解釈やコミュニケーションの様式に従属していること）、非承認（自文化における権威主義的な表象、コミュニケーション、解釈の実践を通して不可視化されること）や蔑視（ステレオタイプとしての公共での文化的表象や日常生活における人間関係の中で習慣的に中傷され軽視されること）」を挙げている。

そして、「経済的不公正に対する治癒策」としては「再配分」（所得の再配分・労働分業の再組織化・投資を民主主義的な意思決定プロセスに委ねること・基本的経済構造の変革）が、「文化的不公正に対する治癒策」には「承認」（ある種の文化的または象徴的な変革）がそれぞれに該当するという。

この「承認」の具体例としては、「蔑視されてきたアイデンティティや中傷されてきた集団の文化的産物の評価を高めたり、文化的多様性を承認し積極的に評価していくこと」、「よりラディカルには、万人の自己意識を変化させるような表象、解釈、コミュニケーションにおける社会的パターンの全体的な変革を意味する」ことを挙げている。

以上のことから、私の示した「人間の尊厳を毀損する2つの視座」のうちⅠが「経済的不公正」と「再配分」に、Ⅱに対しては「文化的不公正」と「承認」がそれぞれ連関すると言えるだろう。しかも、フレイザーは、私と同様、これらの区別は分析的なものであり、実際にこの双方が「二つの厳密に分離された領域ではなく、大抵は重なり合っており、お互いを弁

二章　人間の尊厳保障を阻むもの　　81

証法的に補強し合っている」としている点も符合する。ただし、フレイザーが政治哲学者であることに関係してか、この二つの不公正の解決策としては「社会主義経済と脱構築による文化的ポリティックスの組み合わせ」を挙げているように、制度・政策的な枠組みによる解決を検討している部分が私の主張とやや異なる点となる。

　私の立場は、Ⅱや「文化的不公正」、「承認」は、制度・政策的な対応だけでは不十分であり、その実現は困難であるとするものである。もちろん、制度・政策が人びとの上記認識を規定することはある。少なくとも社会における「優位的な価値規範」に変化を加えることはできるかもしれない。しかし、これらの影響は、本章後段で示していく、「獲得としての学習」（知識の獲得による学習）の範疇を出ておらず、よって、制度・政策の変更だけをもって十分に対応ができるとは言い難い。つまり、これらの領域は、継続的・日常的に対話やかかわりの機会をもつことのできる地域においてこそ、その対応がなされていくと捉えているのだ。そして、その地域においても、さらに細分化された個別性と関係性に依拠した展開のなかでこそ育まれるのがこの領域であると考えている。まさに、同じく以下で表わす「参加としての学習」（活動への参加による学習）の成果が得られる展開を想定する必要があるのだ。

　もちろん、先述の通り、このⅠとⅡは本来結合して存在するものであり、相互に影響を及ぼす関係にある。つまり、Ⅰの帰結として生じる格差の拡大が、Ⅱの社会的連帯を毀損していることは紛れもない事実であり、Ⅱの共同性が低減することとが、身近な他者のみならず、政府に対する信頼の低下へと連なり、痛税感の進捗とともにⅠの財政基盤の確保を困難にしている状況がある。端的に言えば、ⅠとⅡを生み出す一つの重大な背景には新自由主義があることが理解できるだろう。であるがゆえに、私も含め、世界で、多くのソーシャルワーカーが新自由主義批判を展開しているので

ある。*2

　安倍政権の動向をみる限り、このようにして創出されたⅡに対して、道徳教育への照準化が画策されるなど、今度はそれを新保守主義や全体主義によって克服する手法が顕著に表れている。しかし、個人の自由と権利を抑制する傾向にある道徳教育や全体主義などに頼らなくとも、この社会的連帯の復興を促すことは可能である。なぜならば、のちに証明していくように、地域における「人びと」の権利擁護の実践を経由して、そこで多様な人びとの「出逢い」の場面を数多創出し、多様な人びとが、それぞれの抱える暮らしの困難に共通の理解を果たすことによって、地域住民による多様な他者に対する理解と慮りを促進することができるからだ。つまり、私たちの実践は、無用な全体主義化を抑制することにも貢献するだろう。

　このⅠとⅡが、如何にして人間の尊厳を毀損たらしめるのかについては、拙著『地域包括ケアから社会変革への道程【理論編】』（批評社）で詳述しているため仔細はそちらに譲るがここでも若干論及しておくことにする。

●経済効率の追求が人間の暮らしを破壊する

貧困の連鎖を断ち切れない日本

　まずⅠについてであるが、象徴的なのは、生活保護基準の引き下げについてである。「2004 年からの老齢加算の削減・廃止、2005 年からの母子加算の削減・廃止に始まり、2013 年 8 月からは、3 年間で平均 6.5%、最大で 10%、年額で 670 億円もの生活扶助基準の引き下げを行い」、「その後も、住宅扶助基準、冬季加算の引き下げを行い」、加えて「2018 年 10 月からは、3 年間で平均 1.8%、最大 5%、年額で 160 億円に及ぶ生活扶助基準の引き

＊ 2　イアン＝ファーガソン・サラ＝バンクス・ジム＝アイフなどは象徴的であろう。私自
　　　身も、拙著『地域包括ケアから社会変革への道程【理論編】　ソーシャルワーカーによる
　　　ソーシャルアクションの実践形態』（批評社）において新自由主義批判を展開している。

二章　人間の尊厳保障を阻むもの　　83

下げ」を行っている。[*3] もはや、社会保障の最後のセイフティーネットといわれるこの基準が下がり続けることが、人間の生存保障を低減させているという主張に異論を差し挟む者はいないだろう。

しかも、基準引き下げの算定方式として、全国消費実態調査に基づいた年収階級第1・十分位世帯（全世帯のうち所得が下位10％以内の世帯）との比較によってそれを検証する手法をとることに課題があることは政府の生活保護基準部会のなかでも確認されている。「現在の決め方は、政府が克服を目指す貧困やデフレ、高齢化などの影響を直接受ける」ためだ。「この決め方について駒村康平部会長（慶応大経済学部教授）は『受給額は低い方に吸い寄せられる』と指摘し、政府に見直すよう異例の注文を付け」る事態へと発展している。[*4] 更には、従来からの比較検証の指標とされてきた消費者物価指数を、2013年度から厚生労働省が独自の「生活扶助相当CPI」に唐突に変更したことに対する説明も不十分である。

上記のことは、この人間の生存保障における根本的な基準を政府が独裁的・恣意的に設定していることの証左でもある。この「恣意」は、まさに短期的・近視眼的な経済の効率性を図るという目的にあることは明白だ。かてて加えて、この引き下げの過程において、「約212万人いる制度利用者の意見を、直接聞き取る場がただの一度もなかった」という自己決定を軽視する観点から、引き下げること自体についてもそうだが、引き下げを決定する手法そのものにおいても、二重の意味で人権侵害の問題を有している。[*5]

いま私たちの社会では、貧困がある特定の世帯に集中し、その世帯の貧困が世代を超えて受け継がれている負の循環の中にある。例えば、親の学

＊3　生活保護問題対策全国会議編（2018）『これがホントの生活保護改革　「生活保護法」から「生活保障法」へ』明石書店、P.3

＊4　西田真季子「厚労省　生活保護、減額を最大5％に　批判配慮、幅を縮小」『毎日新聞』2017年12月15日

＊5　清川卓史「（記者有論）生活保護削減　切実さ、直接聞く仕組みに」『朝日新聞』2018年2月15日

歴・収入・文化的背景が、子どもの学力及びその後の所得に至るまでそこに相関性があることがわかっている。事実、生活保護世帯の子どもの高等学校等の進学率は93.6%であり、全世帯の99.0%を確実に下回っている。因みに、ひとり親家庭の進学率は96.3%、児童養護施設の進学率が98.1%となっており、高等学校等の中退率も、全世帯が1.4%に対して生活保護世帯は4.1%となっている。この落差は、大学進学率において決定的となる。大学等の進学率（専修学校等を含まない）は、全世帯において52.0%であるのに対し、生活保護世帯が19.0%、ひとり親家庭が41.9%、児童養護施設においては14.2%と懸隔がみられるのだ。[*6]

　生まれながらにして、その人の人生が規定されてしまう。斯くのごとき理不尽な社会に私たちは生きている。また、それぞれの個性が発揮できない現下の社会のシステムは、確実に国益を損ねており、実は、政府の志向する「一億総活躍社会」の流れとも逆行している。この社会不正義を乗り越えるためには、ヨーロッパ各国がとるように、保育から大学までの学費の無償化や児童手当、出産手当、育児休業給付、住宅保障などの社会保障等の充足が不可欠となる。

アベノミクス「新・三本の矢」の欺瞞――「介護離職ゼロ」が実現しないわけ――

　政府の方針との関連で言えば、安倍政権の「新・三本の矢」の一矢である「安心につながる社会保障」において、2020年代初頭までに家族の介護を理由とした離職の防止等を図るべく「介護離職ゼロ」を推進している。この「介護離職ゼロ」を実現するためには、まず「介護職離職ゼロ」を考える必要がある。毎年10万人前後を推移する介護離職をなくすためには、社会福祉サービスの充足が不可欠となり、そのためにはその採用が難しいとされている社会福祉人材の確保が十分条件となるからだ。

　この社会福祉人材の確保が困難な理由として、例えば、絶対的な労働力

＊6　「第6回 子供の貧困対策に関する有識者会議」2018年5月17日「子供の貧困に関する指標の推移」内閣府

人口が減少している中、翻って、急速にその人口を増加させなければならない状況があり、その増加人数が需要に追い付いていないとの見方がある。社会福祉人材は、確実に増加しているのだが、膨張するニーズには十分な対応ができないというのだ。しかし、このような見解は、表層的であると言わざるを得ない。私たちにはこれからの現実的な対応が迫られており、そのためには、「増やさなければならない」ことが事前にわかっているにもかかわらず、なぜ人材の確保が難しいのか、また、どうすればその担保がなしうるのか、といったこの問題の本質的な要因と打開策を検討する必要があるからだ。

　その実、社会福祉人材の確保が困難な理由として、私は、社会福祉基礎構造改革以降における社会福祉法人職員（高齢者・障害者分野）の給与と退職金に対する政府・自治体による補助の打ち切りと非常勤比率の拡大等があるとみている。このような実態を把握すれば、基礎構造改革前後で職員の処遇が低下していることは察するに難しくはないだろう。

　少しだけ丁寧にみていこう。宮本恭子によると、「介護保険制度前後の介護職員の給与を比較すると、平均年間総収入（税込み）は、1991年が340万9千円、1997年が380万9千円」であったものが、「1991年および1997年と2009年では異なる調査結果を参考にしているため、単純に比較することはできない」としつつ、「2009年については平均額が示されていないため階級別にみると、介護職正社員で『103万未満』が3.1%、『103万以上130万未満』が2.9%、『130万以上200万未満』が19.3%、『200万以上250万未満』が25.2%、『250万以上300万未満』が21.0%、『300万以上400万未満』が17.5%、『400万以上』が4.0%であり、『200万以上300未満』の階級が半数近くを占めている」との指摘がある。[*7]

　また社会福祉法人職員の給与と退職金に対しては、政府・自治体による

＊7　宮本恭子（2012）「介護供給システムからみた介護職員の雇用環境への影響——社会福祉法人の施設運営をとおして」法政大学大原社会問題研究所『大原社会問題研究所雑誌No.644』PP.60-61

補助が、社会福祉基礎構造改革以前は実施されていた。給与には、「民間施設等改善費」が、退職金についても、「公務員に準ずる支給」を目標に、「社会福祉施設職員等退職手当共済制度」が設けられていたのだ。

　加えて、「社会福祉人材の処遇」の課題は、給与と退職金の話にとどまらない。もちろん、それと直結するのだが、非常勤雇用率が上昇している事象も看過できない問題となっている。介護労働安定センターの報告によれば、「介護サービス施設・事業所」における非常勤雇用率は、2000年が約34.9%で、2006年になると約41.0%に移行しておりその間約6%の増加がみられる。[*8]

　その理由としては、一つは、サービス提供者の多元主義化（営利法人や社会福祉法人以外のNPO等の公益法人の参入）とともに勃発した事業者間における自由競争が経費（人件費）の削減に拍車をかけてきたことが挙げられる。今一つは、人員配置基準に「常勤換算方法」という考え方を政府が導入したことが引き金となっている。「常勤換算方法」とは、職員の勤務延時間の総数を、法人における常勤の従業員が勤務すべき時間数で除することによって、常勤職員の人数に換算する方法のことをいう。例えば、常勤の勤務時間が週40時間であるならば、週20時間労働の非常勤職員を2名採用すれば、常勤換算で1名と算出することができるというものである。「措置制度のもとでは、特別養護老人ホームの介護職員数は入所者数に応じて決められており」、しかも専任（正規職員）を原則としていたが、「この専任原則が『常勤換算方法』に改められることで、雇用コストを軽減できる非常勤職員を積極的に雇用することが可能になった」のだ。[*9]

　ここで指摘しておきたいことは、この社会福祉人材の給与・退職金の低減と非常勤雇用率の上昇は、政府の政策によってもたらされているという事実にある。事業者が経費削減のために人件費を抑制することも然りだ。

＊8　財団法人介護労働安定センター「介護労働者のキャリア形成に関する研究会　中間報告」2009年3月 P.3
＊9　宮本恭子（前掲＊7）PP.59-60

なぜならば、事業者が人件費を削減しやすい制度を政府自らが提示してきたのだから。これは単に事業者の経営姿勢にのみ求められるべき問題ではない。明確なる政策による嚮導（きょうどう）と企図が背景にある。

　もう少し踏み込んで言えば、2000年の介護保険制度導入と時期を同じくして、社会福祉法人の会計基準が、「経理規定準則」から「社会福祉法人会計基準」へと変更された。宮本恭子によれば、社会福祉法人会計基準では、「法人、事業所の運営状況を掴み、他法人との比較ができる会計が必要とされ、企業会計に適用される損益計算の考え方が導入」され、そして、「2000年6月7日、『社会福祉の増進のための社会福祉事業法等の一部を改正する等の法律』の一部の施行及びそれに伴う政省令の改正が通知」されることをもって、「社会福祉法人の経営原則が明確にされ、各事業者は利用者に選ばれるようサービスの質を確保するとともに、経営の効率化を図り、経営基盤を自主的に強化すべき課題が明記された」としている。まさに、「介護サービスの提供方式が措置制度から契約制度へ移行することで、社会福祉法人は、公益性の追求と経営基盤の自主的な強化という、一見矛盾する経営の原則を要求されるようになった」というわけだ。[10]

　この様に顧みれば、昨今、多くの社会福祉法人が本来の役割を担っていないとの批判を受け、新たに「地域公益活動」がその責務として求められるようになった経緯がよくわかるだろう。この問題の起源においても、政策による勧奨があったのだ。更にその根拠を示しておく。第5回社会保障審議会福祉部会（2014年10月7日）の資料をみて欲しい。ここでは、2000年以前に設立されている社会福祉法人は、2001年以後に創設された社会福祉法人に比べ、「ほぼすべての生活支援サービスについて」明らかな社会貢献を果たしているとの根拠があり、そのことを踏まえて、「介護保険制度の導入を境に、法人の設立年によってサービス提供の実施状況に差が生じたことは、慈善・博愛と捉えていた福祉事業に対し、『措置か

＊10　宮本恭子（前掲＊7）PP.57-58

ら契約へ』と経営が質的に変化したことによって、社会福祉事業者のあり方が変容しているのではないか」という報告がなされている。[*11] このことは、2001 年以降のこの自由競争下で、現在批判の対象となっているような社会福祉法人が創出されたことを顕示している。しかも、この自由競争が、制度的に先導されたものであることはこれまで言及してきた通りである。であるならば、これは単純に社会福祉法人の怠惰というよりは、制度・政策による誘導の帰結としてもとらえていくべきであろう。

　以上のことからも、そもそも政府は自由競争で淘汰されないように、社会福祉法人に対して「経営基盤の自主的な強化」を求めていたことがわかる。社会福祉法人が本来の地域貢献や公益性の担保を犠牲にすることに加え、職員の給与・退職金の低減と非常勤雇用率を増進してきた要因は、政府の政策誘導にこそあったことはここに白日の下に晒された。このような「職員の処遇」と「社会福祉の理念」を希釈させた職場が、魅力のあるものに映らず、そこに人材が集まらないことは、なるべくしてなったとしか言いようがない。

　やや迂遠な説明にはなったが、以上のような政策的な誘導の結果、社会福祉人材の処遇の悪化と「働きがい」の減退が顕著となり、人材の確保を難しくしているのである。その帰結として、「介護離職ゼロ」をより困難なものとしているのだ。このように、政府が問題の大本を造っておきながら、それを政権の目玉であるアベノミクス「新・三本の矢」に位置づけること自体が "自作自演" であり、滑稽に思えてならない。

「人びと」の負担の増加とサービスの質の低下

　次に社会福祉サービスを利用する側の状況についても介護保険制度を例に言及する。一つの流れは、2005 年 10 月の食費と居住費の全額自己負

＊11　福間勉委員（公益社団法人 全国老人福祉施設協議会）「社会福祉法人（老人福祉施設）における地域福祉活動について」第 5 回社会保障審議会福祉部会・資料 4　P.7　2014 年 10 月 7 日

二章　人間の尊厳保障を阻むもの　　89

担化を皮切りに、2015 年 8 月から介護保険サービス給付費が原則一割負担であったものが、「一定以上所得者」が二割負担となり、さらに 2018 年8 月には「現役並みの所得者」による三割負担の仕組みが設けられている。政府は、収入により設定された負担限度額を超えて介護保険利用料を支払った場合、その限度額との差額が還付される高額介護サービス費制度があると説明するが、これらは飽く迄も「償還払い」であり利用料が倍増していく負担感は確実に「人びと」による利用控えへと繋がるであろう。

　二つ目の潮流としては、当初はドイツの介護保険制度にも見られなかったという意味で、日本の特徴ともいわれてきた「介護予防」が減退の一途を辿っていることが挙げられる。2015 年の介護保険制度の改定を受けて、従来は介護予防給付の対象であった要支援 1・2 の人びとに対する訪問・通所介護サービスが、「介護予防・日常生活支援総合事業」（以下「新しい総合事業」）へ移行した。そして、今後は、要支援 1・2 の人びとを対象とする介護予防給付の多くの領域が、この「新しい総合事業」へ移行するのではないかとの推測が持たれている。[*12]

　また、「新しい総合事業」の訪問型サービス B と通所型サービス B では、住民の支え合いによって、訪問・通所介護サービスの一部を担っていくことが想定されており、今はまだ部分的にではあるが、全国の自治体で実施が進められている。

　これは、元来は、専門職を配置することの必要性が認められていた事業である。当初、介護保険制度の枠組みの中で、専門職の配置と設備等における厳密な基準のもとで運営されてきたサービスが、今度は、そのサービ

＊ 12　白澤政和はこの点を次のように指摘している。「こうしたサービスが、今後要支援者すべてに拡大されるのではないかという懸念である。要支援者を予防給付から切り離すことは、確かに介護保険財源を抑制する一方法であると考えられるが、そのためには、要支援者の自立支援を基本にして、介護予防として訪問介護や通所介護等の予防給付のサービスを提供してきたことの評価が求められる。本来は、この評価結果をもとに、新規に総合支援事業を実施するかどうかが議論されるべきである」。白澤政和『『介護予防・日常生活総合支援事業』の意図すること」『高齢者住宅新聞』2015 年 1 月 5 日号

スの提供を住民と出来合いの設備に委ねだしたのである。この方針転換に対しても、介護保険制度における「介護予防」のどこに問題があり、何が失敗であったのか、検証の痕跡は全く見られない。あるのは、当時の社会保障審議会介護保険部会の資料を見る限り、議論の中核は、一つ目の源流と同様に、給付抑制、ただその一点に傾倒しているように思われる。

　しかしながら、「介護予防」には、要介護者が生まれることを防ぐという視座よりも、要介護状態の進捗の速度を緩和することに意味がある。暮らしにおける小さな困難を抱えるうちから、専門職がかかわりを持ち、本人の生きづらさと不安を払拭し、地域の社会資源との繋がりを構築しておくことによって、本人が希望する地域での暮らしが末永く継続されやすくなる。実は、ドイツでは2015年から2017年にかけて第一次から第三次までの介護保険強化法の変遷を経て、介護予防は、却って、強化する方向へと進展している。ドイツによるこの「介護予防」の導入・強化は、日本を参考にしたものであることは間違いない。このことは、長期的・（社会保障の分野を超えた）全体的な経済の効率性の観点からは、「介護予防」に注力した方がより成果が期待できると判断したものと思われる。事実、2017年11月に訪問したフランクフルトのフーフェラントハウス（Hufeland-Haus）のマルコス＝フーラー事務総長は、これにより、「給付対象人数が増大し、37％の財政支出が増大することになるが、それでも、軽度者に投入した方が、経済的に効率が良いと政府は考えている」と私たちに語ってくれた。日本はまさにその逆道を進んでいるのだ。

「社会保障等」における「教育」の問題
　──学校授業料無償化だけでは担保できない子どもたちの社会的権利──

　Ⅰの問題は、「雇用・労働・教育・住宅・文化・芸術・自然環境保全・防災などを含む」と列記しているように、社会保障だけを対象としたものではない。人間の社会的権利を保持するために必要なものは、何も社会保障だけではないからだ。よって本書では、社会保障に限定した議論を除い

て、Ⅰの対象領域全般を「社会保障等」と表記することにする。

　そのうえで、Ⅰの「教育」領域においても、例えば、国立大学法人化によって、「国立大学が『民間発想のマネジメント』により『自律した経営』をする『法人』」となり、「国から支給される基礎的な運営資金が毎年削減される中、教育や研究に充てる資金を、国立同士、あるいは私立や公立と競い合うようになった」現状に対して、山極寿一・京都大学学長は、この「国立大学法人化」が、教育の取り組むべき主題から、教育研究の質の向上という第一義的な目標を捨象し、財政の問題にすり替えた制度であり、政府の財政悪化の責任を法人化した各大学法人に押し付けていると猛烈な批判を展開している。[13]以上のような制度の変更が、教育の質に弊害をもたらすことは当然の帰結となる。このように学校教育に市場の原理を色濃く反映させていけば、その質が凋落していくことは避けられないだろう。

　他方で、イヴァン＝イリッチが論じているように、そもそも、この学校教育自体に「経済成長を指向する消費社会へ入会させる儀礼」としての錬成が備えられている事実を見過ごすわけにはいかない。[14]このことは、これからの教育のあり方を検討するにあたって重要な位置を占めているように思われる。なぜならば、巷間において、教育を議論する際には、必ずと言ってよいほど学校教育がその前提に置かれているからだ。しかし、イリッチが指摘している通り、学校教育には、子どもを特殊化して排除することや、履歴重視の学歴差別を蔓延させること、そして、これらを「社会統制の手段」とすること、更には、「学校の存在自体が学校教育の需要を生み出す」という学校教育を絶対的な存在へと仕立て上げていくことなどの弊害が認められる。

　よって、この教育にかかる問題としては、学校教育の質を維持・向上さ

＊13　聞き手：読売新聞専門委員・松本美奈「異見交論40『国立大学法人化は失敗だ』山極寿一氏（京都大学学長）」『読売教育ネットワーク』2018年3月9日 http://kyoiku.yomiuri.co.jp/torikumi/jitsuryoku/iken/contents/40-2.php
＊14　イヴァン＝イリッチ（1977）『脱学校の社会』（東洋、小澤周三訳）東京創元社、P.70

せていくという再生産に向けた議論と、学校教育そのものが内包している害悪の改良、即ち、学校教育自体の変革という再創造を志向した展開が求められていることがわかるだろう。

　確かに、イリッチの主張は、根本的に同意ができるものだ。だからといって、現実的に学校を廃止することなどもはや不可能であろう。よって、上記の「再創造」に関して言えば、如上の学校教育の弊害を緩和させていく、制度を含めた仕組みやカリキュラムを新たに抜本的に再構築していくことが求められる。この変革の手懸りとしては、本書で示していく「出逢い直し」のように、多様な人びとによる対話やかかわり、活動への参加・協働を通じて相互学習を促していく「教育」の方途は実に有効であり、学校教育やそれとは別の教育機会として積極的に導入していくことが切要とされるだろう。

　この学校教育の弊害を念頭に置いているからこそ、イリッチは、学校授業料無償化は、「教育という世話を受ける量を平等にすることには大いに役立つ」反面、「そのことによって社会的権利を平等にすることにはならない」と述べている。その理由を少し長くはなるが以下に引いておきたい。

　　「学校の質が同じでも、貧困家庭の児童は裕福な家庭の児童に教育の面でほとんど追いつけないということがはっきりしている。たとえ彼らが同等な学校に、しかも同じ年齢から通い始めても、貧しい児童には、中産階層の児童が折にふれて利用できている教育的な機会の大部分が欠如しているのである。中産階層の児童に有利になっている点は、家庭での会話や書籍の豊かさから、休暇中の旅行や自我のうけとめ方の差異にまで及び、これらの機会を利用できる児童にとっては、それが学校の内外において有効に作用するのである。そのため、一般的に言って、より貧しい生徒は、進級や学習を学校に頼っている限り、より裕福な生徒よりも遅れてしまう。貧民に必要なのは、彼らの学習を可能にする資金であって、彼らに大いに不足していると称される制

二章　人間の尊厳保障を阻むもの　　93

度的世話を受けるための証明をしてもらうことではない」。[15]

　恐らく、このことは、国際ソーシャルワーカー連盟（IFSW）が強い反対を表明している児童労働についても同様のことが言えるだろう[16]。つまり、根底から児童労働を廃止するためには、ただ単に児童労働を禁止する実践や規制、制度を設けるだけでは不十分である。この問題の根底には、格差と貧困が根深く据えられているからだ。つまり、子どもたちに労働をさせなければ暮らしが成り立たない家庭が数多存在することにこそ本質的な要因を見据えておく必要がある。この格差や貧困の問題を等閑にし、単に児童労働だけを規制すれば、その家族は、自らの暮らしを守るために、水面下において、規制対象外の更に危険な労働に子どもたちを従事させざるを得なくなるだろう。残念なことに、私の知り得る限り国際ソーシャルワーカー連盟（IFSW）による主張は、この点において、児童労働への規制や廃止に収斂しているように思われる。

　これと同様に、学校授業料無償化によって、子どもたちが、通学できるようになれば、そのことをもって本質的な教育上の問題が改善されるわけではない。より深刻な問題は、格差や貧困にこそあると捉えるべきだ。よって、この「教育」における案件は、Ⅰの教育以外に挙げた社会保障を含む「雇用・労働・住宅・文化・芸術・自然環境保全・防災」の課題と直結していることを踏まえておかなければならない。要するに、ここで挙げている「教育」には、単に学校授業料無償化に留まらず、暮らしのなかでの出逢いや、活動への参加という体験に戻づく学習の促進に加え、社会に馴

＊ 15　イヴァン＝イリッチ（前掲＊ 14）P.22

＊ 16　International Federation of Social Workers（2002）「Social Work and the Rights of the Child——A Professional Training Manual on the UN Convention——」・国際ソーシャルワーカー連盟・アジア太平洋地域（the Asia-Pacific Region of IFSW：IFAP）では、2015 年10 月 22 日の総会によって、「『児童労働と人身取引』に関するプロジェクト」が立ち上がっている。平田美智子 2016 年 3 月「IFAP 総会」『公益社団法人日本社会福祉士会 NEWS No.179』PP.3-4

化するだけではなく、主体的に社会を変革・創造していくことの実現性を
子どもたちに敷衍していくカリキュラムや制度の変革が含まれている。そ
して、これと連動させて、子どもの貧困の問題を根底から解決していかな
ければならないことを意図するものだ。

経済効率性の追求が人間の暮らしを毀損する

　以上みてきたように、社会保障を中心とした人間の暮らしに強い影響力
を及ぼす制度・政策の減退は、人間の権利と尊厳の毀損を確実に招いてし
まう。つまり、上記の方針は、短期的・（影響の範囲を限定的に捉える）
部分的な経済の効率性を求めるところに淵源があると思われる。そして、
それが、貧困・疾病・障害などに起因した暮らしの課題を重篤化、再生産
させ、長期的・全体的な経済の効率性を毀損することへと帰着しているのだ。

　そもそも、「経済の効率性」に対する評価は、成果を及ぼす対象の範囲
と期間によって結果が異なるだろう。先ほどのドイツの介護予防について
も、逆に健康寿命が延びれば、それに伴い平均寿命が延びるため、ここま
での範囲と期間を設定すれば算定すべき費用はむしろ高騰する可能性があ
る。しかし、ひとり一人の社会的権利が保障されることによって、多様な
人びとの社会参加が促進されると、多様な人びとによる相互理解が進むだ
ろう。このような社会には、安心と同時に信頼の関係が醸成されていく。
そのことによって、防災・防犯・健康、その他不正防止等に必要な費用の
削減も見込めるであろう。このように、経済の効率性と一言でいっても、
その測定の対象期間と範囲によって、認められる成果は全く異なってくる。
つまり、その提唱者によって、かなり恣意的に用いられているのが「経済
の効率性」や「生産性」であるといえるだろう。

　少なくとも、社会保障等が、経済成長の足枷になるという認識は実態を
見失った妄想でしかなく、社会保障等は、経済の維持・発展のための基盤
的・後衛的役割を確実に担っている。であるならば、この機能が減退すれ
ば、全体的・長期的経済に支障をきたすようになるばかりか、前衛的な経

二章　人間の尊厳保障を阻むもの　　95

済活動の展開力をも損なうことになるだろう。

　例えば、カンザス大学で開発されたストレングスモデルというケースマネジメントの実践方法がある。これは主に精神障害者を対象としたモデルであったが、このモデルは、人間のウィークネスのみならず、個別性の表れやすいストレングスにも着目した実践を中核とし、「人びと」の主体性を尊重しつつ、そのニーズを優先する展開を重要視する。つまり、既存のサービスや社会資源を優先化するのではなく、「人びと」のニーズを中心とした実践を志向するというものだ。よって、ここには、いまある社会資源を把握・理解するのみならず、社会資源の発掘・改良・創造を念頭に置いた展開が求められる。これらストレングスモデルの実際については、九章で詳しく触れることにするが、ここで指摘しておきたい点は、ストレングスモデルの実践が、日本で中心的な他のモデル（ブローカー《仲介型》モデル）と比較して、専門職による多大な時間と労力を要するということにある。つまり、このモデルの一つの特徴としては、他のモデルよりも、支援に要する費用が高くなることが挙げられる。ところが、このストレングスモデルは、長い目で見れば、むしろ、費用抑制に繋がっているという。なぜならば、これらの「人びと」に対する手厚い支援が、「人びと」の病院・施設からの退院・退所を実現し、長期的・全体的な費用抑制に逢着するからだ。[17]

　更に言えば、和田一郎らの試算によれば、児童虐待に伴う社会的コストは、年額約1兆6000億円にのぼるという。[18] この試算には、児童養護施設の運営費などの「直接費用」のみならず、「虐待により死亡したため得られなくなった将来の収入（逸失利益）」や「トラウマ（心的外傷）の治療

＊17　チャールズ＝Ａ＝ラップ、リチャード＝Ｊ＝ゴスチャ（2008）『ストレングスモデル　精神障害者のためのケースマネジメント　第2版』（田中英樹監訳）金剛出版、P.310
＊18　「児童虐待の社会的コストは年1.6兆円　民間研究機関が初の試算」『産経新聞』2014年10月1日
＊19　和田一郎「児童虐待の社会的コスト」花園大学人権教育研究センター編（2019）『花園大学人権論集26　「社会を作る人」を作る』批評社、PP.169-194

に必要な医療費」、「教育機会を奪われたことによる生産性の低下」、「離婚や犯罪、生活保護費の増加」などを集計した「間接費用」が含まれている。ここで言う「間接費用」は、上記の「長期的・全体的な経済の効率性」を測定したものといえるだろう。

　要するに、社会保障等における制度や政策は、長期的・全体的な経済の効率性に資する予防的な機能が含まれているといえるし、現下の社会ではこのことを意識した政策の転換が不可欠であるといえる。よって、経済の効率性の観点からも、安易な社会保障等の削減は行うべきではない。

　しかし、そもそも如上の議論自体も、経済の成長から社会保障等を捉えることで、相手の土俵に引きずり込まれているという重大な過ちを犯している。もちろん、それは、相手の土俵に乗ったとしても反駁ができるということの証左ではあるが、このように、経済の効率性の観点から社会保障等のあり方を探ること自体に重要な瑕疵を孕んでいると指摘ができるからだ。

　社会福祉学の過去の論争においても、社会事業学を社会政策とともに経済学の一形態と捉えていた孝橋正一や、市場原理にもとづく社会福祉改革を最も先導した八代尚宏、公的責任の範囲を限定し「公私役割分担の見直し」を求めた三浦文夫などの存在があった反面、「資本主義制度の恒久持続性」を前提とした「政策論」の「一面性」に対して、「運動論」の立場から批判を展開した一番ケ瀬康子や高島進、真田是、さらには、「福祉見直し論」から社会福祉基礎構造改革に至るまでの経済至上主義・新自由主義批判を展開してきた河合克義らの仕事があった。[20] 私自身も、「私たちはいつから経済学者になったのか？」と拙著『地域包括ケアから社会変革への道程【理論編】』（批評社）において、政府の費用抑制論を前提に、社会福祉のあり方を検討する似非社会福祉専門家を批難してきた。また、人び

＊20　宮田和明（1979）「『新政策論』論争」真田是編（1979）『戦後日本社会福祉論争』法律文化社、PP.179-219。宮田和明「再編期の社会福祉と社会福祉政策論」河合克義編著（2012）『福祉論研究の地平　論点と再構築』法律文化社、PP.1-20

との権利擁護を起点に、社会変革を促進するソーシャルワークの本来の役割を指摘しておいた。従って、私自身は、経済の弥縫策として社会福祉を捉えるのではなく、翻って、人びとの権利擁護の視座から、社会に必要な資源（制度・法を含む）の創出を促進し、要求することがソーシャルワークに不可欠で重要な役割であるとの認識に立っている。

　そもそも、人間の権利は、経済の指標によってはかるべきものではない。障害者が健常者と同様の暮らしを求めるために、女性が男性と同等の社会的処遇を獲得するために、認知症の人が過去の暮らしを取り戻すために、子どもたちが不当な競争にさらされたり権利侵害から免れるために、被差別的な状況に置かれたあらゆる人びとの解放を促すために、これら人間の普遍的権利を保持するために、なぜに、経済の指標をもって証明せねば、その実現が阻まれるのか理解に苦しむ。先ほどは、幾つかの例示を用いて、近視眼的な経済の効率性への偏重が、広範なそれを毀損することに論及した。しかしそれは、人間の暮らしに直接多大な影響を与える社会保障等の領域では、経済の効率性をとる方法に傾注すればするほど、結果として、サービスの質の低下を招いてしまうことにこそ重大な問題があると捉えるべきであろう。社会保障等の分野においては、その最も重視するべきサービスの質の観点から、経済効率を追求する手法は、その目的にそぐわないということになる。

　例えば、警察や消防による「生産性」と「効率性」を上げるには、"適切な"配置に伴う人員の削減が求められるだろう。ニーズ発生の確率を数値化し、そのデータに応じて人員配置を節約していけばよい。しかし、このようなことを本気で考えている人は、めったにお目にかかれない。人間の生命や最低限の暮らしの安全を、そもそも、確率論や運などに委ねることを希望する人はいないし、緊急時における防犯・防災・救命力が低減することが明らかだからだ。事実、昨今のロンドンの治安悪化（殺人事件数の急増）の要因として、「警察予算の削減に伴い、青少年育成予算も大幅

に削られている」ことが報じられている。[21]でありながら、社会保障等の領域では、費用の削減を通して「生産性」・「効率性」の向上が求められ続けている。五章から七章にかけて検討する地域共生社会においても、それを「経済の効率性」の観点から推進すれば、その質の低下を招き、翻って、経済の非効率性を生み出すであろう。事実、費用抑制を目的に「地域共生社会」が導入されていることに多くの地域住民は気づいており、公的・専門的サービスを減退させ、それを地域住民に肩代わりさせようという目論見に対する反発の姿勢も散見される。地域住民は、それほど無知ではない。おそらく、このままいけば、「地域共生社会」は、政府の企図とは真逆の成果として、地域住民の疲弊と反発による地域力の低下に加え、その結果としての経済の非効率性を創出することになりそうだ。斯くして、「地域共生社会」の理念も画餅に帰すことになるだろう。

● 社会的連帯の希釈が人間の尊厳を毀損する

他者とのつながりと主観的福祉

　ここまでは「人間の尊厳を毀損する2つの視座」のうちIの理由について検討してきた。次に、本書で取り上げる「社会変革」の対象とも言うべきIIの問題について省察していく。

　先にも触れたように、Iに対応して制度・政策の充足がなされれば、そのことだけをもって、すべての人間の尊厳保障が実現するのかと問われればそうとは言えない実情がある。

　そもそも、仮に、対象者を拡張した普遍主義や必要主義に基づく制度・政策を打ち出すことができたとしても、その制度に「人びと」が繋がらなければ、これらの制度・政策が人間の尊厳保障に連なるとは言い難い。例

＊21　沢田千秋「核心　ロンドン　殺人事件急増　2月はNY抜く　テロ対策優先で警察予算削減」『東京新聞』2018年5月6日

えば、これら制度によるサービスを本来必要としている「人びと」は、広範な地域において、しかも点在化しており、かつ、「インボランタリークライエント」（非自発的・拒否的な「人びと」）や自らのニーズに対する無自覚さえも見受けられる。つまり、いくら素晴らしい制度を創造したとしても、「人びと」のニーズを追行し捉えていくニーズキャッチやアウトリーチの機能がなければ、「人びと」はサービスを利用することができず、結果として、そこに新たな社会的権利の毀損を生み出すことになりかねないというわけだ。ここに、制度・政策論の限界点があり、翻って、ソーシャルワークの面目躍如がみられるはずだ。

　そして、Ⅰの課題が一つの「人間の尊厳を毀損する」要因となっていることは確たる事実だが、何よりも、Ⅱにみられる人びとの関係やつながりの希釈化が、人間の尊厳保障に直接的な悪影響を及ぼしている側面を見過ごすわけにはいかない。

　長谷中崇志と髙瀬慎二らの研究では、ソーシャル・キャピタルの1要素である他者に対する「信頼」と「幸福度」「主観的健康感」「精神的疲労・ストレスの程度」との関連について検討した結果、「一般的な信頼が高い『信頼あり』と回答したものは、『信頼なし』と回答したものよりも幸福度も高く」、「主観的に健康であり」、「精神的疲労・ストレスも少ない」ことが明らかにされている[22]。

　また2018年3月14日に発表された「世界幸福度報告書2018」（「World Happiness Report 2018」）（「持続可能な開発ソリューション・ネットワーク（Sustainable Development Solutions Network：SDSN）」国連・コロンビア大学）で、日本の順位は54位に位置づけられているが、この幸福度の序列は、一人当たりの国内総生産（GDP per capita）と社会的支援（social support）、健康寿命（healthy life expectancy）、社会的自由（freedom to

---

＊22　長谷中崇志、髙瀬慎二（2014）「地域福祉計画評価の指標開発——主観的健康感へのソーシャル・キャピタルと社会経済的地位の関連——」『名古屋柳城短期大学研究紀要第36号』PP.102-103

make life choices)、寛容さ（generosity）、汚職の無さ・頻度（perceptions of corruption）などを分析のうえ定められている。[*23] もちろん、この6つの項目にある質問自体が回答者の主観を問うているため、その生活歴や体験、置かれてきた環境によって尺度が異なる「相対的剥奪」などの問題が内包されていることや、この回答の背景には無論Ⅰの制度・政策による影響があることにも留意しておくべきではある。また今回の調査では、移民の幸福度にも焦点を当てているが、幸福度上位10か国は、移民の幸福度の順位においても11位以内に入っていることなどから、「移民の幸福度は、地元で生まれた人の幸福度と驚くほど一致する」ことも報じられてもいる。[*24]「幸福度上位の国」は、「異質なもの」を受け入れる包摂力が高いことが示されているのだ。

　更にここでは、国連とコロンビア大学が、国内総生産や健康寿命以外に、社会的支援・社会的自由・寛容さなどの日常的な他者との関係に依存する項目を多く選択していることに注目しておきたい。このように他者との繋がりの実相は、人間の幸福に多大な影響を与えるのだから、その端緒の一部にⅠの制度・政策にかかる要素が内含されているとはいえ、やはりⅡは、人間の尊厳保障にかかる重要な要素になりうるといえるだろう。

階層間の分断を乗り越える

　そして、特に重要なことは、異なる階層にある他者への無理解・無関心・度外視・疑懼・排除の関係を、相互に、理解・対話・関心・慮り・支援の関係へと変容していくことが、制度・政策的な仕事においては困難であるという事実にある。このような個別・具体的な性格や関係依存性の強い分野では、各地域の実情に応じた具体的な実践の展開が求められるから

＊23　Editors: John F. Helliwell, Richard Layard and Jeffrey D. Sachs『World Happiness Report 2018』COLUMBIA UNIVERSITY and THE UNITED NATIONS
＊24　「世界一幸福な国はフィンランド、日本は54位　国連調査」2018年3月15日『CNN.co.jp』https://www.cnn.co.jp/fringe/35116207.html

二章　人間の尊厳保障を阻むもの　101

だ。またこれら人びとの関係構造の問題は、日常的・継続的に人びとが顔を合わせ、相互に直接影響を与えうる地域でこそ認められ、であればこそ、津々浦々における地域を基盤とした実践が不可欠となる。

　ここで注目しておきたいことは、「分断社会」に象徴されるような、階層間の疎遠化にある。このように階層間の分断を強調して確認することは、これから求められる私たちの実践の手掛かりを掴むことや、日本人が他者との関係のとり方を考える上で重要である。

　まず、日本人の他者との関係の特徴についてであるが、「内輪びいき」という言葉に代表されるように、私たちは、自らが所属する集団や階層内における他者への相互理解や相互支援の関係は顕著であるが、「内輪」の外にいる他者への信頼は思いのほか稀釈しているようだ。増田直紀は、山岸俊男の「信頼の解き放ち理論」をもとに、赤の他人に対する信頼度は、日本人よりもアメリカ人の方が高いと指摘する。また、その理由として、日本人は「信頼」よりも「安心」を求める傾向にあることを挙げている。加えて、この「安心」と「信頼」は性質的に全く異なるものであり、「安心」は所属集団内における防衛的な思想・行動に依拠するが、翻って、「信頼」は所属集団外部に対する開放的な他者との繋がりを志向していると主張している。[*25]

　以上のことからも、日本人は外部にひらかれた連携よりも、内部のつながりを強化する結合を志向しているといえるだろう。これを、ソーシャルキャピタルでいうところの、「ブリッジング」よりも「ボンディング」を重視する傾向にあると捉えることもできよう。つまり、所属集団や階層内部における連帯の意識は強いが、その外部との連携には消極的であるということだ。これを社会福祉領域に置き換えたならば、障害者と健常者、高齢者と若年者、子育て中の世帯と介護をしている世帯、貧困層と富裕層などの階層間の連携と相互理解がなされにくい素地があることが確認できる。

＊25　増田直紀（2007）『私たちはどうつながっているのか　ネットワークの科学を応用する』中公新書、PP.61-63

よってこれらの特性を踏まえると、これからのソーシャルワーク実践には、この所属集団や階層を超えた連携と相互理解の促進が求められていることがわかる。しかし、このような実践は決して容易ではない。その理由の一つは、このような地域における関係構造の変容や相互学習の重要性は、古くからソーシャルワーク領域では認識されていながらも、その方法・手法は明らかにされてこなかったことが挙げられ、今一つは、一度できた分断の溝は、放置しておくと経時的にその侵食が進行し、二度と乗り越えることができない事態にまで深刻化してしまうことにある。[*26]

「出逢い」を回避し続ける負の循環

　図2-1を見てみよう。これは、人びとの関係において、多様な他者へのかかわりを忌避することが、他者に対する関心と理解を喪失させることのみならず、他者に対する不安や恐怖を醸成することに連なり、延いては、他者に対する排除の行動へと帰着していくことを示す負の循環図である。これは私の実践における経験則をもとに現下の社会情勢を顧みて図式化したものであるが、2016年6月にソウルで開催された「ソーシャルワーク、教育及び社会開発に関する合同世界会議」における基調講演で、スイスのRomy Mathysの示した

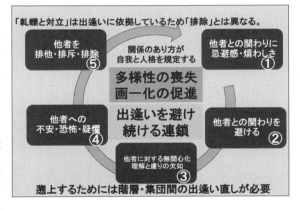

図2-1　社会的排除への負の循環

＊26　岡村重夫（1970）『地域福祉研究』柴田書店、P.5。阿部志郎著・岸川洋治、河幹夫編集協力（2011）『社会福祉の思想と実践』中央法規、P.93

図 2-2 の循環図と相似している[*27]。この図 2-2 は、エイズやエイズ患者の置かれている実態について「沈黙」(silence)を続けると「無知」(ignorance)が拡張し、そこにエイズに対する根拠のない「恐怖」(fear)が醸成され、それが「スティグマ」(stigma)へと連なり、エイズ患者に対する「差別」(discrimination)が生み出されていくという負の連鎖を示したものだ。

図 2-2　fear

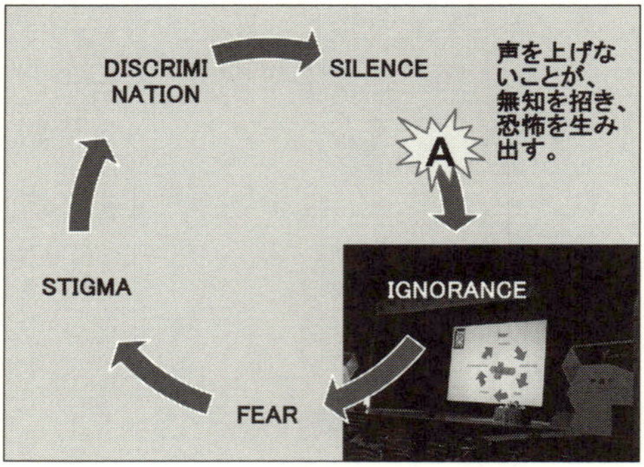

Romy Mathys「The Benefits of Disclosure-One Step towards Ending HIV-Discrimination」JOINT WORLD CONFERENCE ON SOCIAL WORK EDUCATION AND SOCIAL DEVELOPMENT 2016　2016 年 6 月 27 日 -30 日　COEX 韓国ソウル

　ここで焦点化するべきは、彼女の図に私が加筆した「A」の過程にある。つまり、この「A」への介入によって、エイズ患者やその支援者たちが、それ以外の人びとに対して「沈黙」ではなく、啓発や対話、かかわりの機会を確立することで、「無知」の広がりを回避し、負の循環に歯止めをかけ、それをエイズという病気や患者の困難に対する人びとの共感や理解、延いては協力を促す正の循環へと変換できることを示している。であるならば、この図 2-2 も、やはり、階層を越えた対話とかかわりの重要性を示唆しているといえるだろう。

　前記したように、図 2-1 は、所属する集団・階層の如何によらず、多様な人びとの繋がりが希薄化することで、それが、他者に対する度外視・無理解・疑懼・排除の関係へと深刻化し、その社会において、多様性が損なわれ画一化が進捗する流れを描いた循環図ではあるが、階層間における分

＊ 27　私がこの負の循環図を最初に発表したのは、『生活経済政策 No.217』「暮らしたい場所で暮らし続ける自由を守る——新自由主義における『自由』の実相——」(2015 年 2 月)においてであった。その後、この図は幾度と改訂され今日のものになっている。

断の深刻化を説明することにも役に立つ。

　少し例を挙げて説明すれば、認知症の人の姿を見かけて声をかけること
は必要なことだとは思うが、一度声をかければ同じ会話が長時間に渡って
繰り返されたり、色んなことを多頻度で訴えてこられたりするのではない
かと想像すると①認知症の人に対して積極的に関係を持とうとは思わなく
なる。もしくは、BPSD によって既に迷惑と感じる行為を認知症の人から
受けている場合は、それ以上、かかわろうとは思わない人が多いだろう。
そう考えれば②認知症の人へのかかわりを実質的に避けるようになる。し
かし、認知症の人との対話やかかわりの機会を喪失すれば、③認知症の人
への関心は薄れ、やがて、理解や配慮ができなくなってしまう。そうなる
と、先ほどのエイズにおける問題と同様に、④認知症の人と認知症に対す
る根拠のない不安や恐怖、疑懼が蔓延していく。それが普遍化すれば、認
知症の人は施設や病院に入った方がよいなどと、⑤認知症の人との共生・
「共存」を拒否する人びとが出現するようになる。加えて、認知症の人の
施設等の開設に対しても、難色を示す住民の存在が根深く保持されること
になるだろう。この様な軋轢やジレンマに巻き込まれることを回避するた
めにも、①認知症の人とのかかわりは更に疎遠なものとなる。以上の様な
負の循環を当てはめることができる。

「獲得としての学習」から「参加としての学習」へ

　上記から幾つかの要点を確認しておく。まず、②の認知症の人とのかか
わりの機会がなくなれば、③認知症の人と認知症に対する理解が削がれ配
慮ができなくなるというくだりである。「障害者権利条約」や「障害者基
本法」、「障害者差別解消法」では、障害者に対する差別を大きく二つの視
座で捉えている。それは、「障害を理由」にする差別と「合理的配慮の不
作為」による差別である。この合理的配慮は、「障害者が他の者との平等

───────────────────────
＊28　「共住」「共存」については凡例6参照。

二章　人間の尊厳保障を阻むもの　　105

を基礎として全ての人権及び基本的自由を享有し、又は行使することを確保するための必要かつ適当な変更及び調整であって、特定の場合において必要とされるものであり、かつ、均衡を失した又は過度の負担を課さないものをいう」と説明がなされているが、この障害の特性に応じた配慮をするためには、当然のことではあるが、「配慮する側」が少なくとも障害の特質を理解しておく必要がある[29]。ただし、この「合理的配慮」には、「均衡を失した又は過度の負担を課さないもの」という「抜け穴」が施されていることに警戒が必要であることはここで付言しておきたい。

　話を戻すが、もちろん、一般化された認知症や障害の特性は、その当事者との接触がなくても理解することが可能であろう。また、日本介護経営学会が実施した認知症の人へのスティグマ調査においても、「認知症に関する病態理解」等の「知識供与型の学習」が認知症の人と認知症の理解を進め、スティグマの低減に連なっているとの指摘があり、この種の学習・理解は、必ずしも認知症の人との接触体験を必要とはしていない。

　しかし、本研究においても、「認知症に関する病態理解だけでなく、認知症を内包する人格や性格等の個性の理解や関係性の濃密度が（スティグマの）低減を促進する決定因子である」(括弧内は中島)と推測がなされており、この後者の部分への対応は、「知識供与型の学習」では不十分であるとの指摘がある[30]。つまり、障害のある人の個別性・関係性に着眼すれば、たとえ同じ「障害種別」にあってもその配慮には個々に様々な方法が求められることになり、そのための理解を促すには「共活動を主とした接触体験の機会」が不可欠となるということだ。以上のことからも、この調査では、「認知症の人とかかわりがない人は、かかわりがあった人よりもスティグマが強いということが明らかになっている[31]」。

＊29　「障害者の権利に関する条約」第2条（定義）

＊30　「Ⅳ-1 認知症スティグマ操作因子モデル」阿部哲也（2016）特定非営利活動法人日本介護経営学会『認知症早期発見・初期集中対応促進に資するアウトカム指標と定量的評価スケールの開発に関する調査研究』P.81

＊31　阿部哲也（2018）「『認知症の人』から『普通の人』へ」『日本認知症ケア学会誌

また「知識供与型の学習」自体についても、阿部哲也は、「はたして『認知症の理解』促進は、スティグマの緩和に十分に貢献しているのであろうか」との見解を吐露しつつ、実体験として、講演会に参加した地域住民から「認知症にはなりたくないですね」などといった逆の反応があることを顧みる。そのうえで「これらのことは、『認知症の病態や症状などの理解』は、無知による偏見の解消に有効である反面、恐怖や不安などを増長する要因にもなることを意味している」とこの種の学習が諸刃の剣として機能することに言及する。[32] これらの指摘は、「知識供与型の学習」や一般化されている「認知症の理解」促進、即ち、学校型の“正しい”知識の伝達・移転による学習が、スティグマを一定程度低減させる効果がある一方で、翻って、排除の論理を強化させてしまう可能性も内含されていることに加え、認知症の人の個別性や関係性に対する理解促進にまでは届かないことを示している。

　高橋満らによれば、学習論は、この30年で価値規範の大きな転換がなされてきたとしている。それは、「獲得としての学習（学習の標準的なパラダイム）」から「参加としての学習（学習についての生成的パラダイム）」である。高橋らの説明では、「獲得としての学習」においては、知識が、学習者から切り離すことが可能であることや、逆に、獲得し、所有することのできるものであるとし、学校教育の場での教科書を用いて行われる学習を代表例としている。[33] まさに、知識を獲得することを学習の中核に据えているものだ。他方で、「参加としての学習」では、知識は、学習者の諸個人の関係、相互作用によって生成され、継続的に再構成される流動的なものとして捉えるとする。ここではまさに、活動や状況への参加を通してなされる学習を指している。[34]

　2018.Vol.16-4』P.723 一般社団法人日本認知症ケア学会、P.723

＊32　阿部哲也（前掲＊31）P.723

＊33　高橋満、槇石多希子編著（2015）『対人支援職者の専門性と学びの空間　看護・福祉・教育職の実践コミュニティ』創風社、P.14

＊34　高橋満、槇石多希子（前掲＊33）P.15

この点については、先ほどのイヴァン＝イリッチによる以下の指摘は参考になるだろう。

　　「実際には学習は他人による操作が最も必要でない活動である。学習のほとんどは必ずしも教授された結果として生じるものではない。それはむしろ他人から妨げられずに多くの意味をもった状況に参加した結果得られるものである。たいていの人は『参加すること』によって最もよく学習する。しかし彼らは、自分たちの人格や認識能力は学校で念入りな計画や操作を受けた結果向上すると思い込まされるのである*35」。

　もう既にお分かりの通り、ここで取り上げた「学校型」「知識供与型」の学習が「獲得としての学習」に、「共活動を主とした接触体験の機会」「参加すること」による学習が「参加としての学習」と符合する。そして、この「参加としての学習」の概念は、本書の一つの主題でもある「出逢い直し」と相関する。

　まさに、教育学における学習論の観点からも、この「出逢い直し」に向けた実践は正当性のあるものとして捉えられていることがわかる。よって、私たちも教育学と同様に、「人びと」に対する理解や協力を促進する実践の変換をはかる必要があるのだ。

　因みに、「獲得としての学習」が、むしろ、スティグマを強化してしまうことについては、障害者を度外視・排除しようとする社会の「優位的な価値規範」が、その現状に対する容認・諦観を生み出すなどの影響を及ぼしていると私は捉えている。つまり、この「優位的な価値規範」の影響をより受けやすい学習形態であると考えるのだ。他方で、「参加としての学習」は、むしろ、この「優位的な価値規範」からの解放へと連なる可能性があ

＊35　イヴァン＝イリッチ（前掲＊14）P.80

ると思われる。

　昨今の例を挙げれば、子どもの教育格差について6割以上の人びとが容認している現状に対して、耳塚寛明は「生まれがものをいう社会を半数以上の人が容認する」という歴史的社会変動について、これらが2008年と2013年の間に最も大きくみられ、この時期には、メディアなどで「子どもの貧困」が取り上げられ、人びとがこのことを意識するようになっており、この「貧困の再発見は皮肉にも、『やむをえない』というあきらめを広めたのだと思う」と述懐している。[36]このことは、「獲得としての学習」が、子どもの貧困を容認するスティグマの強化へと連なっていることを暗に示している。そして、その背景には、根深く拡張している「優位的な価値規範」、殊に、自己責任論を強調する新自由主義の潮流があることが見て取れるだろう。

体験と根拠によらない不安と恐怖

　二つ目に、④認知症の人や認知症に対する不安や恐怖についてである。これはマーティン＝ルーサー＝キングが以下に述べるものと根底で接続している。

　　「しかしわれわれは、異常な恐怖が感情的には荒廃させるものであり、心理的には破壊的なものであることを覚えていなければならない。ジークムント・フロイドは、正常な恐怖と異常な恐怖の違いを説明するため、アフリカのジャングルの真中でごく当然にへびを恐れる一人の人と、町なかの自分のアパートで、じゅうたんの下にへびがいはしないかとノイローゼのように恐れるもう一人の人について語っている。心理学者によると、正常な子供というものは、ただ二つの恐怖――落ちることの恐怖と、大きな音に対する恐怖――だけをもって生まれて

＊36　「格差容認、都市部ほど強く　高学歴・経済的にゆとり　朝日・ベネッセ調査」『朝日新聞』2018年4月5日

二章　人間の尊厳保障を阻むもの

くるのであって、それ以外の恐怖は環境から獲得するものだという。このような獲得された恐怖は大部分、じゅうたんの下のへびのようなものである[37]」。

　つまり、ここでの描写を認知症にかかる問題に置換すれば、認知症の人から具体的な被害を被った経験や認知症の人と実際に膝を突き合わせて向き合った体験のないなかで生じる根拠のない「不安や恐怖」であることが理解されるだろう。よって、④における不安や恐怖は、確かな知識や具体的な体験をもとに創出されたものではなく、やはり間接的な情報や心象をもとに生じた「異常な恐怖」であるともいえる。

　以上みてきたように、階層間の関係構造が変容を遂げるための要諦は、階層間を超えた対話とかかわりの機会の創出にあると思われる。そこで改めて思い返すと、私たちの暮らしが、実に、障害のある人とない人との分断によって成り立っていることに気づく。

障害者と健常者による「出逢いの不在」と「出逢いの失敗」
―― 「共住社会」から「共存社会」へ ――

　全人口に占める障害者の割合は、約10%といわれているが[38]、健常者が通学・所属する学校や職場には10%の障害者の存在が確認できるだろうか。ライフステージ毎に顧みれば、まず、中等度から重度の障害児の多くは一般の保育園・幼稚園には通園していない。もちろん、このことは、障害児を受け入れる際の人手と労力に見合った補助金等の公的支援がないことなどによる制度的な欠陥に起因しているといえるのだが、結果として、

＊37　マーティン＝ルーサー＝キング（1974）『汝の敵を愛せよ』（蓮見博昭訳）新教出版社、P.205
＊38　厚生労働省の発表によれば障害者の全人口に占める割合は約7.4%とされている。しかしながら、この算定根拠が、各種障害手帳の取得者などが対象となっていることから、実際の数は更に多いと捉えるのが一般的である。佐藤啓介「障害ある人は936万人　人口の7.4%　厚労省推計」『朝日新聞』2018年4月9日

中等度から重度の障害のある乳幼児は専門の施設等におけるサービスを利用することになる。

　次に、小中学校では、学級や学校が峻別されその接点はさらに減退させられている。さらに、大学、短期大学及び高等専門学校においては、障害者の割合は 1% 未満へと低下してしまう[39]。この様な空間では、障害者がまるでいないかに等しい事態となっているといって過言ではあるまい。そして、「大人」になってからも、公的機関や民間企業等の職場における障害者の割合は 2% 程度で推移しており、私たちは共に働く機会を奪われ、自らが暮らす地域においても、すれ違う程度の出会いに終始する傾向にある[40]。しかも、政府（中央省庁）や自治体におけるこの数字にさえも不当な「水増し」処理がなされていたという驚愕すべき事態も生じている。このことは公的機関でさえも、「障害者の法定雇用率」の達成・保持が困難である事実を露呈しているといえるだろう。よって、この問題の本質は、行政機関の杜撰で滑稽な制度運営の手法に対してではなく、「生産性」と「効率性」を過度に求める「人間にとっての労働」のあり方そのものから端を発していると捉えるべきだ[41]。

　如上のように、私たちの社会では、確かに、障害者と健常者は、物理的

＊39　「平成 28 年度（2016 年度）大学、短期大学及び高等専門学校における障害のある学生の修学支援に関する実態調査結果報告書（訂正版）」2018 年 7 月独立行政法人日本学生支援機構

＊40　「平成 29 年障害者雇用状況の集計結果」厚生労働省・職業安定局 2017 年 12 月 12 日

＊41　村上晃一「障害者雇用の水増し、全国の自治体 3800 人　政府調査」『朝日新聞』2018 年 10 月 23 日「障害者雇用数の水増し問題で、政府は 22 日、全国の自治体を対象に昨年 6 月 1 日時点の雇用数を再調査した結果、計 3809.5 人の不適切な算入があったと発表した。全体の平均雇用率は従来調査の 2.40% から 2.16% に低下した。教育委員会が 2359.0 人と全体の 6 割を占め、平均雇用率は 2.22% から 1.85% に下がり、当時の法定雇用率 2.2% を割り込んだ。都道府県の平均雇用率は 2.65% から 2.36% に低下。市区町村は 2.44% から 2.29% になり、当時の法定雇用率 2.3% を下回った。これで国・地方の行政機関全体の水増し数は、公表済みの中央省庁分 3445.5 人（8 月公表後に訂正）とあわせて計 7255.0 人となり、行政機関を『牽引役』と位置づける障害者雇用を促す制度が形骸化していた実態が、改めて浮き彫りとなった」。

には同じ地域で暮らしているという意味で「共住」しているものの、その関係は、すれ違う程度のかかわりに終始しており、双方が意識して「出逢う」ことがなされにくいものとなっている。そして、このような「出逢いの不在」とも言える関係の希薄化が、障害者に対する無関心・無理解・偏見・排除を生み出しているのだ。

このことは、「日本人の黒人観」についても全く同様のことが言えそうだ。ジョン＝G＝ラッセルによれば、「日本人の黒人に対するイメージは根本的に西洋人の黒人観に基づいている」とし、その理由として、「日本に居住する黒人が少ない」ことを指摘している[42]。つまり、「日本人」と「黒人」による「出逢いの不在」を一つの要因として捉えているのだ。

このような階層間による「出逢いの不在」もしくは、上記の認知症によるBPSDが顕在化して、認知症の人が混乱の只中にある際に「出逢う」という「出逢いの失敗」が、そのつながりを分断し、問題の共有や相互理解・支援の妨げとなっているのである。私たちは、これから示していく「出逢い直し」によって、この「出逢いの不在」と「出逢いの失敗」を克服することで、「人びと」を排除する「優位的な価値規範」から人びとを解放し、地域で共に暮らしているだけの「共住」社会から、その地域で暮らすすべての人間の尊厳を相互に認め合う「共存」社会、即ち、真の意味における共生社会を目指していかなければならないのだ。

＊42　ジョン＝G＝ラッセル（1991）『日本人の黒人観　問題は「ちびくろサンボ」だけではない』新評論、P.71

三章
「出逢い直し」による社会変革の促進

● 「出逢い直し」のすすめ

「出会い」と「出逢い」の相違

　ここで本書が取り扱う「出逢い」について改めて定義をしておきたい。本書では、「出会い」と「出逢い」の意味の捉え方を敢えて分別している。私たちが何気なく使っている「であい」の潜在力をより多くの人びとに再確認してもらうためだ。

　ここでいう「出会い」には、偶発的なものや非意図的なもの、挨拶程度のかかわりの密度の低いものを想定しているが、「出逢い」は、その範疇にとどまらず、より積極的に、互いの存在を認識しながらなされるものとし、であるがゆえに、そのかかわりの密度はおのずと高くなるものとして捉えていく。さらに踏み込んでいえば、「出会い」の方は、意識を伴わないものも含まれるため、再会時に相手の名前を思い出すことや会ったことさえも記憶にないことがある。一方で、「出逢い」は、動機はともかくとして、意識して相互に対峙し対話することが前提となるため、離れているときも、その他者のことを思い出すことができる関係であるといえるだろう。

　よって、本書の表題にも挙げている「出逢い直し」とは、「出会い」自体の不在や困難を乗り越えることはもとより、数多ある「出会い」を「出逢い」へと昇華させていくことを含意したものである。この「出逢い」を

113

通してこそ、私たちは、度外視・無理解・疑懼・排除の関係を対話・理解・関心・支援の関係へと変容していくことができるのだ。

　ここでは更に、私たちが志向すべき「出逢い」の様態について踏み込んで論及しておく。前章で取り上げた日本介護経営学会による調査では、認知症の人に「『会っただけ』、『挨拶程度の話をしただけ』などの接触レベルは『会ったことが無い』群とスティグマ度に差がなく、スティグマ度は高い傾向にある」一方で、「『一緒に活動した』だけが他に比較してスティグマ得点が低く、次いで『一緒に生活していた』であった」。そして、「スティグマ度の低減因子としての接触レベルは接触だけではスティグマ解消の強い因子とならず、一緒に活動を行い共体験することが重要な因子となることが示唆され」ている[*1]。つまり、強い意識を伴わない挨拶程度の接触体験では、スティグマの低減にはほとんど繋がっていないことが示される一方で、個別具体的で密接度が高く、意図的なかかわりがスティグマの減退に有効である可能性が指摘されているのである。よって、階層や集団を超えた多様な人びとによる相互理解を促進していくためには、このような活動における協働や共体験を視野に収めた、さらに言えば、「参加としての学習」たる「出逢い直し」が求められることになる。

　二章では、以下に再掲する人間の尊厳を毀損する二つの要因について、ソーシャルワークの観点から論じてきた。

Ⅰ人びとの社会的権利を保障する社会保障を中心とした（雇用・労働・教育・住宅・文化・芸術・自然環境保全・防災などを含む）制度・政策の減退。

Ⅱ人びとの互酬性と多様性、信頼の関係の稀釈。

＊1　「Ⅱ-3 市民書面調査と職員書面調査の統合解析」阿部哲也（2016）特定非営利活動法人日本介護経営学会『認知症早期発見・初期集中対応促進に資するアウトカム指標と定量的評価スケールの開発に関する調査研究』P.40

繰り返しを厭わずに言えば、この二つの要素は、社会変革を推し進める
ことを目的に理念型として挙げているものであり、この二つの要素は、相
互作用の関係にあり一体的に捉えるべきものでもある。そのうえで、本書
では、主にⅡに対する変革の方法を模索していく。そして、その変革の方
策として、その中核に「出逢い直し」があることを示していくつもりだ。
ここでは、まずこの「出逢い直し」が意味するものについてさらに掘り下
げておきたい。

　まず、先に紹介した研究の結果から取り上げたように、いわゆる学校型
の"正しい"知識の伝達・移転による学習（「獲得としての学習」）が、立
場の異なる多様な人たちの相互理解を促す一定の効果があることは認めつ
つも、この種の学習の限界点を押さえておく必要がある。つまり、一般化・
普遍化された他者への理解について、この類型の学習は有効ではあるが、
この範疇を超えた他者の個別性や関係性における理解には逢着しない。そ
して、この理解を助ける学習こそが、「一緒に活動を行い共体験する」と
いう体験による学習（「参加としての学習」）であった。

　従って、障害者に対する理解を促進するためには、「知識供与型の学習」
としての「認知症サポーター養成講座」や「あいサポーター研修」等によ
る健常者に対する啓発活動だけでは不十分であり、そこに、障害者と健常
者がともに活動に参加するような体験的な学習が求められる。であればこ
そ、先述の通り、私のいう「出逢い直し」の「出逢い」とは、非意図的で
表層的に「出会う」状態のものだけではなく、これに加えて、かかわりの
密度が高く互いに相手を意識した個別具体的なものであり、その先の協働
活動や「共体験」までをも射程に収めたものとならざるを得ない。しかし、
前章でも叙述したように、現下の社会では、障害者と健常者の「出会い」
の機会すら担保されていない実態があるため、まずは、双方の「出会い」
の機会の創出を含めた「出逢い直し」が求められることになる。

三章　「出逢い直し」による社会変革の促進　115

「出逢いの不在」と「出逢いの失敗」

　二章において、説明に用いた幾つかの事象には、この「出逢い」の障壁となる「出逢いの不在」と「出逢いの失敗」が含まれていた。「出逢いの不在」は、障害者と健常者が物理的に同じ地域で暮らしているという意味での「共住」はしているが、互いにその存在を尊重しているという「共存」にまでは至っていない状況を指す。つまり、一定の親密度が担保された相互認識のある「出逢い」はおろか、「挨拶する」「すれ違う」程度の「出会い」さえ確保がままならない状態を説明したものだ。

　そして「出逢いの失敗」は、それまで「出会い」さえも不十分、もしくは、「出会い」程度の関係にとどまっていた人びとが、認知症・障害等の暮らしのしづらさの発生に伴って、初めて「出逢う」ことにより、互いが冷静に膝を突き合わせ向き合うことができない状況を措定している。例えば、それまで疎遠な関係であった両者のうち一方が、認知症になり、同じことを何度も訴えたり、自宅の敷地に無断で入ってくるなどのBPSDを通して多頻度にかかわりを持つようになる事例がこれにあたる。

　「出逢いの不在」に対しては、言わずもがな、「出会い」の堆積と「出逢い」の創出が不可欠となる。また「出逢いの失敗」については、まずは、BPSDの背景にある認知症の人の不安や不満の要因となる個別・具体的な暮らしのしづらさを低減・解消する支援を経由し、認知症の人が冷静に他者と向き合える状況を構築していくことが求められるだろう。もちろん、これと同時に、BPSDに対して拒絶感を有する周囲の人びとの不安と恐れを緩和するかかわりをとる必要もある。これらの実践を通じて、「出会い」を担保することや「出会い」を「出逢い」へと昇華させることがなされていく。このような実践の総体を、本書では、「出逢い直し」と捉えることにする。また、今までの話を総合すれば図3-1のように表現することができるだろう。

　そして、この「出逢い直し」は、多様な人びととの「出逢い」を促し構築することに終始するわけではない。この「出逢い直し」こそが、そこで

出逢った人びとによる関係変容を通じて、相互理解と相互変化を促進するという事実に着目しておく必要がある。つまり、「出逢い直し」によって生まれた人びとの関係構造の変化が、各々の自我・人格・アイデンティティの変容

図 3-1 「出会い」と「出逢い」の関係

へと逢着することへの共通認識がより重要となるのだ。

「関係構造の変容」から「人びとのアイデンティティの変容」へ
――個人のアイデンティティの変容が社会変革へ逢着する――

　この関係構造へのアプローチは、何も新しい視点ではない。ソーシャルワークが問題を捉える際の基本的視座には、「人びと」と社会環境との関係に不協和が生じていることに収斂することに加え、ヘレン＝ハリス＝パールマンのいうように、ソーシャルワーカーと「人びと」との関係を基盤に良質な支援が展開されることが含まれている[*2]。ソーシャルワークの領域では、関係の様相如何が、問題の強化と弱化に多大な影響を及ぼすことが自明の理となっているのだ。

　そもそも、日本ソーシャルワーカー連盟（日本医療社会福祉協会・日本社会福祉士会・日本精神保健福祉士協会・日本ソーシャルワーカー協会からなる団体）も加入している国際ソーシャルワーカー連盟（IFSW）によって 2000 年に採択されたソーシャルワークの定義では、「人間関係におけ

＊2　ヘレン＝H＝パールマン（1967）『ソーシャル・ケースワーク　問題解決の過程』（松本武子訳）全国社会福祉協議会

る問題解決を図」ることが描かれていたし、全米ソーシャルワーカー協会（National Association of Social Workers：NASW）の作成した倫理綱領と学術論文にもこの人間関係の重要性が示されている。

> 「ソーシャルワーカーは人間関係をウェルビーイングのための必要不可欠な要素と考え、『変化のための重要な手段』と見なす。人間関係を重んじるという価値は、ソーシャルワーカーのクライエントとの関わり方、ならびにクライエントの人生における人間関係の質を向上させようとするソーシャルワーカーの努力に影響を与える[4]」。

そして、哲学や社会学、心理学の領域においても、自我・人格・アイデンティティが他者との関係によっても形成されることは概ね了解されているといっていいだろう。以下に主要なもの、そして、私の身近にあるものを列挙してみたい。

まず、嶋田啓一郎は、イマヌエル＝カントが、「他の存在者との協同性を可能にするものは道徳法則である」としており、これに基づく「道徳的人格性を欠落しては、単なる心理学的人格概念のみでは、『世界と呼ばれる一つの全体』すなわち私たちがいま人格的社会関係と呼ぶものは、成立の根本条件をもち得ない」と指摘する点に注目している[5]。少なくともカントは、「すべての認識が経験から生まれるわけではない」としつつも、「わたしたちのすべての認識は経験とともに始まる」ことを「疑問の余地のないところ」として認めているのだ[6]。

＊3　2000年7月27日カナダのモントリオールにおける総会において採択された。

＊4　ディーン＝H＝ヘプワース、ロナルド＝H＝ルーニー、グレンダ＝デューベリー＝ルーニー、キム＝シュトローム・ゴットフリート、ジョアン＝ラーセン（2015）『ダイレクト・ソーシャルワークハンドブック　対人支援の理論と技術』（武田信子監修、北島英治、澁谷昌史、平野直己、藤林慶己、山野則子監訳）明石書店、P.102

＊5　嶋田啓一郎（1980）「社会福祉思想と科学的方法論」嶋田啓一郎編『社会福祉の思想と理論』ミネルヴァ書房、P.22

＊6　イマヌエル＝カント（2010）『純粋理性批判1』（中山元訳）光文社古典新訳文庫、

次にＧ＝Ｈ＝ミードによる以下の論及が挙げられる。

　「自我は、〔人間が〕誕生したとたんにすでにあるものではなく、社会的経験や活動の過程で生じるもの、すなわちその過程の全体およびその過程にふくまれている他の個人たちとの関係形成の結果としてある個人のなかで発達するものである」[7]。

フリードリヒ＝エンゲルスも「私の環境に対する私の関係が私の意識である。ある関係が実存するところでは、それは私にとって実存する」と述べている[8]。

そして、八木晃介も社会変革について以下の様に述懐する。

　「私の観点は、きわめて単純だ。要するに、自己が変われば社会が変わる、という信念にもとづいている。自己にとっての社会とは、具体的には自己の関係世界なのであって、それ以上でもそれ以下でもない。自己の思想性や文化性が変化し、あるいは、そうした変化の要因としての自己の関係世界が変化するならば、あきらかに自己にとっての社会は変化したことになる」[9]。

かてて加えて、山口真希は、社会モデルの見地から障害というものが「互いの関係性」に依存していることを指摘する。

PP.15-16

＊7　著：Ｇ＝Ｈ＝ミード・訳：稲葉三千男・滝沢正樹・中野収（2005）『復刻版　現代社会学大系 10　精神・自我・社会』P.146 青木書店

＊8　カール＝マルクス、フリードリヒ＝エンゲルス（2002）『新編輯版ドイツ・イデオロギー』（廣松渉編訳、小林昌人補訳）岩波文庫、P.58

＊9　八木晃介（1994）『部落差別のソシオロジー』批評社、P.27

三章　「出逢い直し」による社会変革の促進

「たとえば私が留学をしたとして、周りの人がみんな英語ができて会話についていけないという時、私は障害があるかというと、そうではなくて、会話が成立しないという、その空間に障害があるんだろうなと考えることができると思います。（中略）そういう障害って、その時のメンバーの相互作用で決まると思うし、お互いさまだし、そういう試行錯誤、もどかしさ、いろんな苦いことも踏まえた中で『多様性の尊重』とか『互いの理解』も生まれてくる。そういった感覚をもてることがむしろ必要なのかなと思ったりします[10]」。

　以上みてきたように、関係構造の変革が、そこに関係する人びとのアイデンティティの変容へと連なることは紛れもない事実である。そもそも、ソーシャルワーカーがその実践の中核に据えなければならない「社会変革」は、実体の掴みにくい社会をただ漠然と変えるための働きかけを行うものではない。このような「社会変革」は、実体を伴わない、コップの中の嵐の如きイデオロギー闘争に終始するような机上の空論でしかない。

　よく社会や地域、集団が変わるというが、それは具体的に何が変わったことを指すのだろうか。恐らく、八木がいうように、それは、その内部における人びとの関係構造やアイデンティティの変容に他ならないのだろう。従って、「社会変革」における「社会」の実体を確実に捉えその変化を促すために、最も大切なことは、この社会の成員ひとり一人のアイデンティティの変容を促進していくことにあるといえる。この範囲においては、実体が当然に存在するわけだし、そのための具体的な方法が検討できるようになるだろう。そして、「変化」の帰結についてもより顕在化して捉えることができるようになりその評価もしやすくなる。

　そして、関係構造の変化が、人びとのアイデンティティの変容に逢着す

＊10　山口真希（2017）「子どもの育ちと障害にかかわる権利保障」花園大学人権研究センター編（2018）『広がる隣人との距離——制度の狭間で見えなくなる困窮　花園大学人権論集 25』批評社、PP.217-218

る。この点において、私は、この「出逢い直し」よって創出された人びと
のアイデンティティの変容を、ソーシャルワークにおける「社会変革」そ
のものとして捉えている。もちろん、これはソーシャルワークにおける
「社会変革」の一形態に過ぎないが、「社会変革」の衰退したソーシャルワ
ークにあって、これを「社会変革」として位置づけることには意義がある。
なぜならば、この方途の出現によって、ソーシャルワークにおける「社会
変革」の復興が成し遂げられる可能性があるからだ。

　他方で、このような「個人のアイデンティティの変容」が社会変革に連
なるという主張には、違和感を抱く人びとも多いだろう。社会変革に対す
る一般的な心象は、国際社会から政府や行政、自治体などのより広い範囲
における変容に主眼が置かれているからだ。しかし、私の主張は決して唐
突なものではない。見田宗介は、国際社会の動向を踏まえて、「現代社会」が、
大きな変化を生まない時代に符合しているとし、「寛容と他者の尊重」と
いう意識が高じている点を指摘する。[11] そのうえで、「一人の人間が一人の
人間を説得するという、地道な仕事が、やがて反核の巨大な力を形成する」
ように、このような「人間の連鎖反応」が社会変革へ直結するという考え
を披瀝している。このような変革は、かなりの時間を要するが、「原始社
会」から「文明・近代社会」への移行に600年以上の歳月をかけているこ
とを鑑みれば、それでも「速い革命」となると論じているのである。そして、
このような一人の人間の変革は、「自由」と「魅力性」、「創造性」に裏打
ちされていなければならないという。ここでの見田の主張は、「出逢い直し」
による「社会変革」と通じるものがあるだろう。

「新しい出会い」と「出逢い直し」

　ここでは、岩間伸之による「新しい出会いの仕方」と本書における「出
逢い直し」の相違点について論じておく。以下に示すように、異なる経緯

＊11　見田宗介（2018）『現代社会はどこに向かうか──高原の見晴らしを切り開くこと』
岩波新書

三章　「出逢い直し」による社会変革の促進

から生まれたものを単純に比較することは、翻って、それぞれの理論における本質的な背景や内実を取りこぼしてしまう恐れがある。このことに留意しながらも、対比を通して、「出逢い直し」の理解を促すことを目的として議論を進めていく。

　まず、私たちの提唱する「出逢い直し」は、個別支援と地域支援双方の堆積によって構築してきた概念である。そして、ソーシャルワークにおける「社会変革」の伸展を企図して創出してきた。個別支援の観点からは、「人びと」の暮らしの困難に対する理解や協力を地域住民に促進するために、また、地域支援において、そのようなすべての人間の尊厳が守られたまちづくりへ接近するためには、「人びと」のみならず、多様な人びとによる相互理解を促進することが重要であり、「人びと」との関係の有無によらず多様な地域住民間においても用いられてきた概念となる。その際、理論としては、社会福祉学のみならず、専ら社会学と教育学の知見を活用している。他方で、岩間は、社会福祉学・ソーシャルワークの研究の角度からこの「新しい出会い」を提示している。理論構築までの経緯はこのように異なるが、ただし、ソーシャルワークという共通項がそこにあるのは間違いない。

　そこで、この「新しい出会いの仕方」をみてみよう。まず、この「新しい出会いの仕方」の発端には、「支援困難事例へのアプローチ」[13]がある。このような事例にあっては、「社会関係上に相当の困難がともなっていることが多い」ため、「家族・親族や近隣住民との関係が緊張関係または敵対関係にあったり、また周囲から孤立している場合などには関係がきわめて希薄であったりする」。そのため、「当事者である本人が主体となって困難状況から抜け出せるように働きかけ、さらには環境との『良好な適合状

＊12　岩間伸之（2012）「援助関係と自己決定を支える援助」：岩間伸之、原田正樹『地域福祉援助をつかむ』有斐閣、PP.62-65
＊13　岩間伸之（2008）『支援困難事例へのアプローチ』メディカルレビュー社、PP.120-129

態』（goodness of fit）という新たなシステムをつくりあげること」が必要
となる。そして、この「新たなシステム」とは、「それぞれがお互いの存
在を必要とする支え合いのシステム」（相互援助システム）であり、これ
らが「前向きに変化し続ける、夫婦、親子、家族、地域社会は、すべて支
え合うシステムとしての特性をもつ」としている。

　この「『新しいシステム』の創造に向けた支援困難事例へのアプローチは、
本人と環境、（本人を取り巻くシステム）との接触面（interface）に働きかけ、
本人と環境とが新しい『出会いの仕方』を創り出す作業から始まる」とし
ている。その際の留意点として、「関係の改善とは、どちらかが相手に合
致するように変化させることではなく、双方が変化して『新しい出会い』
を創り出すこと」を挙げている。さらには、援助者の機能として、「『良好
な適合状態』へと至る関係形成のプロセスを支えることであり、関係その
ものの質やあり方を援助者がコントロールすることでは決してない」こと
と、本人とシステムの「双方にかかわりながら対等性を維持しつつ、この
間の相互作用関係を促進し、さらにその展開を支え続けていくこと」、そ
のために援助者は、「システムに対して本人を代弁・弁護することによって、
（中略）どちらかが上位に立ったり、どちらかが萎縮したような位置関係
では」ない「あるべき健全な関係」を志向することに論及する。

　以上の点を踏まえ、この「新しい出会いの仕方」と「出逢い直し」の相
違点に迫ってみたい。

　まず、「新しい出会いの仕方」の「新しい」は、「新たなシステム」と
連関している。そして、そのシステムとは、「人びと」と「環境（本人を
取り巻くシステム）」との相互援助の形式を指す。岩間の論文を読む限り、
既存の制度・政策を意識した理論展開が根底にあるように思われる。であ
るがゆえに、この相互援助や支え合いのシステムは、政府の意図する「地
域包括ケアシステム」で求められているインフォーマルサービスの活用と
創出が念頭に置かれているように思う。岩間のこの姿勢を確認するものと
して、その論文から幾つか引いておく。

三章　「出逢い直し」による社会変革の促進　123

一つは、「地域を基盤としたソーシャルワークの2つの理念」のうち「第2の理念」について以下のように説明をしている点だ。

　　　「クライエントを中心に据えた援助システムに地域住民等のインフォーマルサポートが積極的に参画することである。地域を基盤として実践するということは、地域の専門職のみならず、地域の力、つまり近隣住民やボランティア、NPO等によるサポートを活用するという視点が重要となる。それが、個を地域で支える援助のみならず、個を支える地域をつくる援助への展開、さらには地域福祉の推進へと展開することを可能にする。これは、市民・住民が積極的に公共施策に関与していくという近年の社会的動向を追い風とした理念といえる」[14]。

　また、「地域を基盤としたソーシャルワークの8つの機能」のうち一つの機能として「個と地域の一体的支援」を挙げており、そのなかで、「個を地域で支える援助」について、「本人にかかわった地域住民たちがその過程で新たな気づきを得て、地域の他のニーズのある人やその可能性がある人たちに予防的対応を含めて手を差し延べることができるように働きかけたり、ニーズをいち早くキャッチできる取り組みや新しいネットワークの形成や、さらなる啓発活動による住民の気づきの促進といった圏域全体を視野に入れた働きかけが含まれることになる」と論じている[15]。

　かてて加えて、生活困窮者自立支援法については、「生活困窮者自立支援法の理念に基づいて事業を推進するための現実的課題は山積している。

＊14　岩間伸之（2011）「地域を基盤としたソーシャルワークの特質と機能──個と地域の一体的支援の展開に向けて──」：ソーシャルワーク研究編集委員会編『ソーシャルワーク研究　37-1』相川書房、P.7

＊15　岩間伸之（2014）「生活困窮者支援制度とソーシャルアクションの接点──地域を基盤としたソーシャルアクションのプロセス──」：ソーシャルワーク研究編集委員会編『ソーシャルワーク研究　40-2』P.12

しかしながら、生活困窮者自立支援法が内包する理念に基づいて自立相談支援事業等を展開することができれば、本来のあるべきソーシャルワークを取り戻すことができる可能性を示唆するものである。ソーシャルアクションも、国家資格である社会福祉士の誕生以来その衰退が指摘されて久しい。新たな生活困窮者支援制度は、ソーシャルアクションの再生の方途となりうるにちがいない」[16]との述懐がみられる。

　以上みてきたように、岩間は、政府の制度を前提に置きつつ、「近隣住民やボランティア、NPO等によるサポート」を積極的に引き出し、地域住民による支援力に期待を寄せているようだ。一方で、私の立場は、家族・地域住民による安易なインフォーマルサービス化、即ち、彼らを「サービス提供者」へと位置づけることには強く抵抗するものである。これまで述べてきたように、彼らを「サービス提供者」に誘い、給付抑制を目論むのではなく、多様な立場の人びとの対話やかかわり、活動への参加の機会（「出逢い直し」）を通じて、地域において、多様性・信頼性・互酬性を育むことを促進することが重要であると考えている。よって、「出逢い直し」の目的として、「本人」と「環境」との支え合いや相互援助を当初から想定しているわけではない。もちろん、多様性・信頼性に裏打ちされた関係構築の先に、副次的・反射的利益として、自然発生的な支え合いが生まれることはあるだろう。しかし、支え合いや相互援助を構築するために、「出逢い直し」があるのでは断じてない。岩間は、「相互援助」を前提としているようだが、私は、「相互援助」ありきではなく、むしろ、「相互理解」・「相互学習」の促進を実践の要諦に置いている。まず、この点について、違和感を覚えてしまう。
　次に、ソーシャルワーカーの機能が、「本人」と「環境」の関係形成の過程を支えることに限定され、「関係そのものの質やあり方を援助者がコ

＊16　岩間伸之（前掲＊14）P.15

三章　「出逢い直し」による社会変革の促進

ントロールすることでは決してない」としている点に関心を寄せたい。八章でも述べていくが、「出逢い直し」は、ある意図（「人びと」の側からの「社会変革」）をもってなされるものであり、また、ソーシャルワーカーは、「出逢い直し」の結果に責任を負うものとしている。この「出逢い直し」の帰結が、「人びと」への排除と偏見を強化するものであってはならないし、そうならないように方向付けや調整を行うことは忌避されるべきではない。更に言えば、あらゆる実践には価値が存在し、その価値に根ざした結論が導き出される努力を怠るわけにはいかない。もちろん、ソーシャルワーカーの関与は最低限である方がよいことはその通りであるが、岩間の主張をみていると、ソーシャルワーカーの機能はそれ以上にかなり限定的に捉えられているように思われる。

　ここで明らかとなったことは、一つに、「新しい出会い」が「人びと」を含んだ地域住民間による「相互援助」に照準を定めている反面、「出逢い直し」は「相互援助」を前提視するものではないということ、さらには、「新しい出会い」はこの「関係形成」に対するソーシャルワーカーの関与を限定化する一方で、「出逢い直し」では、むしろ、「関係形成の過程」における一定の介入を重視している部分に相違点があるようだ。

　これと関連する三つ目の指摘として、「本人」と「環境」の「対等性」の維持を志向して、そのために、「本人を代弁・弁護すること」の重要性を指摘している。この点だけをみれば、多くの人にとっては、違和感なく受け止められるかもしれない。また、「どちらかが上位に立ったり、どちらかが萎縮したような位置関係」ではない、「あるべき健全な関係」を志向することも一見もっともらしく聞こえてしまう。

　しかし、本書でこれまで論じてきたように、「本人」と「環境」の力関係は、その両者だけを単純に見比べるだけでは捉えきれない、社会構造下に圧倒的ともいえる懸隔が存在する。そして、この格差や懸隔は、潜在化されたうえで、この社会に普遍的なものとして装置されている。よって、私たちは、このような「経済的・文化的不公正」や「優位的な価値規範」を確実

に押さえながら、目前にある「本人」と「環境」の力関係を見ていく必要がある。そうでなければ、「対等性」という名のもとに、結果として、「環境」側の声を色濃く反映した関係を創出してしまいかねないからだ。

　このように考えれば、「本人」と「環境」の「対等性」は耳触りがよく、誰もが受け入れてしまいがちだが、そこに重大な陥穽が含意されていることがわかる。ソーシャルワーカーには、面前で展開されている両者の関係のみならず、その背景にある社会構造に浸透している「不均衡」を理解の上、両者の関係形成を支援していくことが求められているのだ。

　以上を顧みれば、もう私の主張は理解してもらえると思う。つまり、「出逢い直し」に求められる関係とは、決して「対等性」のあるものではなく、むしろ、現下の社会構造において圧倒的に不利な立場に置かれている「本人」を、「環境」よりも優先・強調して取り上げていくべきものであるとする見解だ。その際、両者の関係だけを抽出すれば、「本人」が中心的で優位な関係となることは仕方のないことだと思う。

　そして、八章と九章で触れていくが、「出逢い直し」は、「参加としての学習」を理論的主柱に置いており、その学習形態は相互学習を基調としている。つまり、「人びと」と「環境」における「出逢い直し」では、「人びと」の論理を「環境」の側が学ぶことのみならず、「環境」における論理を「人びと」が学ぶことが前提となっているということになる。もしも、「対等性」にこだわってこの「出逢い直し」を形成したならば、「人びと」が「環境」に与える影響と、全く等しく、「環境」が「人びと」に与える作用を認めることになるだろう。

　しかし、この「環境」の論理には、「人びと」を排除する視点が色濃く含意されていることを忘れてはならない。この様な構造下であればこそ、私たちは、双方の「対等性」に固執することなく、「人びと」の論理が、「環境」の側へ敷衍しやすい関係を促進していくことが求められる。何度も言うが、この「環境」の側自体に、「人びと」を排除する論理が、確然と備わっているにもかかわらず、その論理が、潜在化し浸透している実態があ

三章　「出逢い直し」による社会変革の促進

る。それが、「普通」や「常識」と呼ばれているものだ。つまり、「普通」や「常識」と同様に、この「環境」自体も、既に「排除する側」へと傾斜しているのである。であるならば、排除の論理が含まれた「環境」の側の視座と、排除されている「人びと」の視点を「対等」に扱うこと自体が、「排除する側」の論理を全面的ではないにせよその一部を尊重していくという意味に置いて、「排除する側」に加担してしまうことを意味することになる。ソーシャルワークには、この点に十分配慮した「出逢い直し」が求められているのである。

　そもそも、対等な関係の成立要件や、対等性自体にこだわる理由も私にはよくわからない。ソーシャルワーカーは、「人びと」の主観から社会を捉え、社会環境の変革を促す専門職であるのだから、「人びと」と「環境」が対等になることがその目的ではないはずだ。

　四つ目に、「出逢い直し」は、「本人」と「環境」の関係だけに当てはまるものではない。私たちの支援の対象者であるかどうかの如何によらず、集団・階層・圏域を超えた多様な人びとによる「出逢い」を想定している。従って、私たちは、個別支援にのみ用いられる概念としてではなく、地域支援やまちづくりにおいても当てはめて捉えてきた。この違いは、恐らく、次の五点目に現れている。

　つまり、五点目として、「新しい出会いの仕方」は、私の言うところの「出逢いの失敗」に対する関係の再構築を想定しているようだが、「出逢い直し」は、「出逢いの失敗」に対する対処のみならず、「出逢いの不在」の問題も取り上げる。むしろ、私たちの実践における地域支援では、「出逢いの不在」に対する介入が多く展開されているように思う。つまり、多様な他者が、同じ地域で暮らしているにもかかわらず、「出逢う」ことなく、互いの存在を尊重し合うことはもとより、認識すらしていない地域社会全体の問題への対処として、私たちはこの「出逢い直し」を捉えている。更に言えば、「出逢い直し」は、地域単位で有効になされるのだが、地域を超えても、積極的に展開されていくことをも想定している。

そして、最後の点がもっとも重要であると考えるが、「出逢い直し」は、関係構造の変容のみならず、その先にある人びとのアイデンティティの変容を企図している点にある。つまり、そこでは、「『良好な適合状態』へと至る関係」や「相互援助関係」の形成を目的にはしていない。さらに踏み込めば、対立や軋轢の回避も、それ自体が目的とはならない。「出逢い」の概念からみれば、「対立」や「軋轢」は、「出逢い」の範疇に含まれている。つまり、「出逢い」があるからこそ、「対立」や「軋轢」が生じていると捉えるのである。この点において、「度外視」「無関心」「排除」は、「出逢い」を前提にしていないがゆえに是正すべき対象となる。深刻な「対立」や「軋轢」が継続することはもちろん避けるべきであろうが、これらは信頼性・互酬性の関係を形成するための布石となり得るし、一定の「対立」や「軋轢」が生じていることが、すべて相互理解の障壁になるわけでもない。

　却って、より重要視しているのは、この関係変容を通じて生成されるであろう「出逢い」にかかわった成員たちの相互理解であり、アイデンティティの変容である。これらを促進するための関係構築を目指しているのが「出逢い直し」ということになる。

　如上では、岩間による「新しい出会いの仕方」との相違点を検討することによって、「出逢い直し」に対する理解をひらいていく試みを行った。そこから改めて確認できた「出逢い直し」の特徴について以下に羅列しておくことで本項のまとめとしたい。

①地域住民・家族の「サービス提供者」化に与（くみ）しない。費用抑制ではなく、地域に、多様性・互酬性・信頼性に裏打ちされた人びとの関係を構築することが差し当たり目的となる。
②ソーシャルワーカーの価値や姿勢（「人びと」の側からの「社会変革」）という主観によって関係形成が促されていく。無論、ソーシャルワーカーの関与は最低限であるべきだが、ソーシャルワークの価値と視座から乖離しないように、「出逢い直し」に対する最低限の「コントロール」

三章　「出逢い直し」による社会変革の促進　129

は求められており、その結果に対しても、ソーシャルワーカーは責任を負う必要がある。

③対等性や中立性を意図して行わない。却って、社会構造の不公正を鑑みて、「環境」よりも、「人びと」のニーズを優先化・強化した「出逢い」を意図して促進する。

④個別支援のみならず、地域支援においても、展開可能な概念として捉えている。よって、「人びと」に直接関係のない、「出逢い直し」も想定される。

⑤「出逢いの失敗」だけではなく、「出逢いの不在」にも対応した概念である。特に、地域支援においては、「出逢いの不在」の問題が深刻化している。更に言えば、地域を超えたつながりにも用いられている。

⑥関係構造の変容にとどまることなく、その先の「出逢い直し」における成員の相互理解とアイデンティティの変容促進をより重視している。飽く迄も、そのための関係構築であるため、「『良好な適合状態』へと至る関係」や「相互援助関係」の形成を目的とはしていない。

「出逢い直し」はソーシャルアクションの一形態になり得るか

　本書では、「出逢い直し」を経由した人びとの関係構造とアイデンティティの変容をソーシャルワークにおけるこれからの「社会変革」に位置づけていく。そこで、この「社会変革」と関連の深いソーシャルアクションとの関係をみておきたい。ソーシャルアクションは、実践初期の段階から明確な社会変革を視野に収めており、とりわけ制度・政策を変容することやその「権限・権力保有者」に対する異議申し立てを行うことにこそ規定できるとの意見がある。髙良麻子はソーシャルアクションを次のように定義する。

　　　「ソーシャルワークにおけるソーシャルアクションとは、生活問題やニーズの未充足の原因が社会福祉関連法制度等の社会構造の課題に

あるとの認識のもと、社会的に不利な立場に置かれている人びとのニーズの充足と権利の実現を目的に、それらを可能にする法制度の創設や改廃等の社会構造の変革を目指し、国や地方自治体等の権限・権力保有者に直接働きかける一連の組織的かつ計画的活動およびその方法・技術である[17]」。

　ここで明らかなように、髙良によれば、「国や地方自治体等の権限・権力保有者に直接働きかける」ことがソーシャルアクションの要件となっている。この定義に従えば、本書で描いていく「出逢い直し」による「社会変革」は、ソーシャルアクションに含まれないことになる。そこでは、「権限・権力保有者に直接働きかける」ことを必須とはしていないからだ。

　この相違点については、ソーシャルアクションの周辺事象を整理の上、のちに私の見解を述べることにする。

● 「社会変革」の障壁を乗り越える視座

ソーシャルアクションの要諦

　一章で説明したように、本書では、「ソーシャルアクション」を「社会変革」の一部として位置づけている。ソーシャルワークの「社会変革」には、ソーシャルアクションとは異なり、実践を開始する段階から、目標に明確な「社会変革」を据えていない実践・展開も含まれていると考えるからだ。つまり、「社会変革」に収斂した実践以外にも、個別の権利擁護やエンパワメントと解放の展開の先に、結果として、個人や集団、地域、行政等のあり方が変化することがあり得る点も押さえている。もちろん、ソーシャ

＊17　髙良麻子（2017）『日本におけるソーシャルアクションの実践モデル──「制度からの排除」への対処』中央法規出版、P.183

三章　「出逢い直し」による社会変革の促進

ルアクションが、「社会変革」の重要な位置を占めていることは間違いない。これらのことを前提としつつも、私の意図は、この「社会変革」とソーシャルアクションを多くのソーシャルワーカーの手の届くところに位置づけるために、この両者の領域を拡張していくことにある。

確かに、ソーシャルアクションを定義する範囲を野放図に広げれば、個人・集団・地域・国家のどの領域であっても、またあらゆる変革を遂げる方法がこれに当てはまることになり、ソーシャルアクションの曖昧さが進捗してしまう恐れもあるだろう。しかし、この点において最も動かしがたい要素は、「社会的に不利な立場に置かれている人びとのニーズの充足と権利の実現を目的に」という部分ではないだろうか。『現代社会福祉辞典』においても、「ソーシャル・アクション」は以下のように定義されており、「社会的に弱い立場にある人の権利擁護を主体」とすることが打ち出されている。

> 「社会的に弱い立場にある人の権利擁護を主体に、その必要に対する社会資源の創出、社会参加の促進、社会環境の改善、政策形成等、ソーシャルワーク過程の重要な援助および支援方法の一つである[18]」。

加えて、私が一章で示しておいた定義を再掲しておこう。

> 「ソーシャルワークの価値である社会正義・権利擁護と、暮らしに困難のある人びとの視座を基盤とし、人びとの暮らしに必要な、人びとの『外部』にあって、ミクロ・メゾ・マクロ領域の如何を問わず、あらゆる社会環境の変革と創出を促進するソーシャルワークにおける中核的な実践方法である[19]」。

＊18　野口定久（2003）「ソーシャル・アクション」：秋元美世・大島巌・芝野松次郎・藤村正之・森本佳樹・山縣文治編『有斐閣　現代社会福祉辞典』有斐閣（CD 版）
＊19　中島康晴（2017）『地域包括ケアから社会変革への道程【理論編】　ソーシャルワー

ここでも、「暮らしに困難のある人びとの視座を基盤」とすることを明文化している。この部分は、前２つの定義との共通項であり、ソーシャルアクションの切要というべきものである。私たちが、社会変革を促進する際に、「誰の」側に立って社会をみるのかは非常に重要な観点であり、どの視座・立場から社会を捉えるのかによって、変革の内実が全く異なってしまう。図3-2を見てわかるように、同じ事象であっても視点の違いによって、対象となる問題や捉える事実が異なってしまうからだ。

　ニクラス＝ルーマンは、近代化以降、社会の複雑性と非蓋然性が高まることによって、人間の作動や意味は必然的に選択的・主観的にならざるを得なくなっていると指摘する。

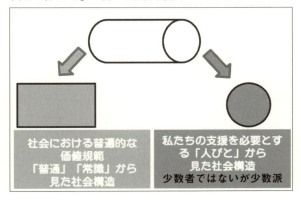

図3-2 「人びと」の側から社会を捉える！

　「私が主張したいのは、作動にもとづく複雑性概念と観察にもとづく複雑性概念のいずれもが、強制された選択に焦点を合わせるものだということだけである。つまり、複雑性が意味するのは、作動は、意図的であろうとなかろうと、コントロールされていようといまいと、観察されていようといまいと、すべて選択だということである。(中略)さらに、強制された選択は、複雑性を作動と観察の両者に対する問題として定義する際の中核問題である。後者の言明は、以下に述べるよ

カーによるソーシャルアクションの実践形態』批評社

うに、意味とは強制された選択を経験し対処する手段以外のなにものでもないという私の主張の基礎となる論点である[20]」。

　「意味には、多くの可能性のなかからひとつの可能性に注意を集中するという働きがつねにふくまれている。（中略）所与の自明視される中心的な核がつねに存在し、そのまわりを他のさまざまな可能性への参照指示が取り囲んでいるが、それらを同時に追求することはできない。したがって、意味とは、可能性に囲まれた現時性である[21]」。

　以上のように、人間の言動が常に主観的であるならば、私たちは、どのような主観から社会を捉え、実践を展開するべきかを押さえておく必要がある。最も極端な例でいえば、「人びと」を黙殺・排除する側から社会を踏まえた「変革」は、いうまでもなく、「人びと」を更に凌辱し抹殺することへと帰着させるだろう。つまり、社会構造を「変革」するときのこの起点を間違えることが、最も忌避すべき実践となるということだ。言わずもがな、ソーシャルワークにおけるソーシャルアクションは、社会から度外視・無理解・排除される傾向にある人びとの側から社会構造の課題を抽出し、その変革を促進するものでなければならない。ここではまず、ソーシャルアクションの切要ともいえる社会を捉える視座・姿勢について確認しておいた。しかしながら、これらの認識は多くのソーシャルワーカーにとっては自明の理かもしれないが、その実践は多くの困難を伴うことが推察される。

＊ 20　ニクラス＝ルーマン（2016）『自己言及性について』（土方透、大澤善信訳）筑摩書房、PP.44-45
＊ 21　ニクラス＝ルーマン（前掲＊ 20）P.46

「社会変革」に対する障壁①
「無色透明」に装飾された画一的で「優位的な価値規範」

　ここでは、「人びと」の側からの「社会変革」を困難とする要因について幾つかの論点を示すことにする。第一に、拙著（『地域包括ケアから社会変革への道程【理論編】』批評社）でも詳述したように、現下の社会では、一部の人びとにとって有利な「優位的な価値規範」が確然と存在したうえで、それが無色透明の如く装飾されて浸透し、私たちの暮らしにおける動かし難い前提となっていることに起因する。如上で述べたように、社会をどのように捉えるべきかや、社会に必要な規範とは何たるかは、本来人間の数だけその見解が存在する。

　しかしながら、特に、日本社会においては、「普通」「常識」「公理」に代表されるように、本来あるべきはずの多様な視座の画一化が顕著である。つまり、100人いれば100通りの「普通」があるという真実が、通用しにくい状況にあるわけだ。

　その要因を拙著では、一つは、市場主義社会の力学、次に、言語帝国主義に代表される文化的支配、最後に、馴化の思想が蔓延する学校教育のあり方に求めている。一つ目は、界面活性剤・電磁波・遺伝子組み換え作物・原子力発電の安全性が不当に吊り上げられている背景をみれば明らかであるし、二つ目は、差別と同定できるイギリス語の優越的な取り扱いや、その他、地域の優位さによる呼称（「上り」「下り」「上京」「表」「裏」「新大陸」「旧大陸」など）の問題や審美観に対する影響など（アニメの登場人物・「顔黒塗りのネタ」・「ブラック企業」など）からみてとれ、最後の学校教育においては、偏差値教育に代表される"正しい"知識を移行・伝達することに偏重した思想の画一化に連なる教育のあり方を指摘することができるだろう。特に前の二つは、社会正義に対する障壁として二章で取り上げたナンシー＝フレイザーが挙げている「経済的不公正」（市場主義社会の力学）と「文化的不公正」（言語帝国主義に代表される文化的支配）にそれぞれが符合しているといえる。

三章　「出逢い直し」による社会変革の促進

「社会変革」に対する障壁②
「普通」や「常識」が人びとを排除する

　私たちの暮らしは、資本主義による力学や政治的な権力構造による「優位的な価値規範」から多大な影響を受けている。それは、フリードリヒ＝エンゲルスの以下のくだりにも如実に示されている。

　　　「支配階級の思想が、どの時代においても、支配的な思想である。すなわち（歴史の）社会の支配的な物質的威力である階級が、同時に、その社会の支配的な精神的威力である。物質的な生産のための手段を手中に収める階級は、そのことによって、同時に、精神的な生産のための手段をも意のままにする。それゆえ、そのことによって同時にまた、精神的な生産のための手段を持たない人々の思想は、概して、この階級に従属させられている。支配的な思想とは、支配的な物質的諸関係の（イデオロギー的）観念的表現、支配的な物質的諸関係が思想として捉えられたものに他ならない[22]」。

　そして、この「支配的な思想」、即ち「優位的な価値規範」から現下の社会的排除が生みだされていることを顧みれば、この「優位的な価値規範」は、障害者と健常者の立場を想定して捉えた場合には、健常者からみた価値規範そのものとなり、女性と男性においては、男性におけるそれが該当することがわかるだろう。また子どもと大人でみれば大人によるものであるし、貧困層と富裕層でいえば富裕層のそれとなる。もちろん、イギリス語と日本語でいえば、イギリス語の、ということになるわけだ。
　政治家や評論家、研究者の多くが男性に占有されてきたことからも、[23]

＊22　カール＝マルクス、フリードリヒ＝エンゲルス（前掲＊8）PP.110-111
＊23　「世界全体の女性議員の割合は23.4％」であり、「193 カ国中の順位で日本は158 位」の位置にある。「女性議員、日本は158 位　『輝く社会』目標達成せず」『日本経済新聞』2018 年3 月3 日。総務省によれば、日本の研究者全体に占める女性の割合は14.4％であり、当然のことではあるが、「主要国と比較するといまだに低い水準」となっている。2014 年

136

社会における重大な議論への参画はもとより、その帰結としての決定においても男たちに席捲されてきた実態がある。この点について、スヴェトラーナ＝アレクシエーヴィチによる以下の指摘は正鵠を射ているように思う。アレクシエーヴィチは、それが明白な事実でありながらも、多くの人びとが御座なりにしてきた事象として、世界の戦争が常に男の言葉のみによって語られてきた問題点を暴露している。

　　「戦争はもう何千とあった、小さなもの、大きなもの、有名無名のもの。それについて書いたものはさらに多い。しかし、書いていたのは男たちだ。わたしたちが戦争について知っていることは全て『男の言葉』で語られていた。わたしたちは『男の』戦争観、男の感覚にとらわれている[24]」。

　ここまでの整理に対する理解は、然程難しいことではないはずだ。しかし、理解の難しい人がいる場合、以下の例示がたいへん参考になるだろう。それは、現在「限りなく廃刊に近い休刊」へと追い込まれている『新潮45』（2018年8月号）における杉田水脈・衆院議員の寄稿である[25]。杉田は、「LGBTカップルのために税金を使うことに賛同が得られるものでしょうか。彼ら彼女らは子供を作らない、つまり『生産性』がないのです」とするその明確な差別発言によって[26]、当然のことではあるが、「LGBT」を中心とした人びとからの批難にさらされている。そして、当稿に末文において、その杉田は以下のように綴っているのだ。

　4月14日「統計トピックス No.80 我が国の科学技術を支える女性研究者——科学技術週間（4/14 〜 4/20）にちなんで——（科学技術研究調査の結果から）」総務省

＊24　スヴェトラーナ＝アレクシエーヴィチ（2016）『戦争は女の顔をしていない』（三浦みどり訳）岩波現代文庫、P.4

＊25　「『限りなく廃刊に近い休刊』新潮45を追い込んだ怒り」『朝日新聞』2018年9月26日

＊26　杉田水脈「『LGBT』支援の度が過ぎる」『新潮45』2018年8月号、新潮社、PP.58-59

三章　「出逢い直し」による社会変革の促進

「『常識』や『普通であること』を見失っていく社会は『秩序』がなくなり、いずれ崩壊していくことにもなりかねません。私は日本をそうした社会にしたくありません[*27]」。

　杉田のこの「普通」や「常識」は、確かに極端ではあるが、しかし、巷間の「普通」・「常識」と一定程度整合しているように思われる。それは、今日の「LGBT」が置かれている状況を顧みれば明らかであろう。つまり、杉田の言う「普通」・「常識」は、「LGBT」への差別が根深く存在する現下の社会のそれと根底で直結している。

　杉田の主張から私たちが学べることは、一つに、「普通」・「常識」という言葉は、「排除される側」ではなく、「排除する側」によって利用されることが多いことからも、そこに、排除の論理が内含されていること、そして今一つは、「普通」や「常識」に客観性や中立性を投影すること自体に重大な欠陥があるという事実にある。このように杉田の寄稿は、これまで巧妙に装飾・隠蔽されてきた「普通」「常識」のもつ欺瞞性と危険性を浮き彫りにし白日の下に晒してしてくれている。

　であるならば、斯くの如き「普通」「常識」「公理」なるものを信奉する必要はもはやあるまい。「普通じゃない」と言われて、怯むこともやめた方がよい。上記に照らして鑑みれば、「普通」・「常識」に固執する人びとよりも、むしろ、「常識がない」と揶揄されている人間の方が、よほど人間性の尊重に貢献しているとさえ言えるからだ。

　よって、この「普通」や「常識」、「公理」に象徴される「優位的な価値規範」そのものが、私たちの支援を必要としている人びとを排除する傾斜を備えているという事実をまずソーシャルワーカーはその実践の前に確認しておかなければならない。

＊27　杉田水脈（前掲＊26）P.60

このことはかなり重大な意味を持っていて、であればこそ、「人びと」の権利擁護を展開するということは、この「優位的な価値規範」に対峙するに他ならないことを意味する。「人びと」の側（「排除される側」）から社会を「変革」するということは、「優位的な価値規範」の側（「排除する側」）への異議申し立てを必然として伴うからだ。ここで忘れてはならないことは、私たちソーシャルワーカーも当然社会化されており、この「優位的な価値規範」の影響を多分に受けているということだ。後述するが、この影響からの解放は容易ではない。

　私たちが、その友人や家族までもが、何気なく受け入れている「普通」や「常識」に、「人びと」を排除する素地が内含されていることを認識し、そこから脱却することの困難を自覚することが実践の「事前準備」としてソーシャルワーカーに求められる。そして、そこにソーシャルワークの苦悩とジレンマがある。髙良も社会構造を次のように捉え、であるがゆえに、「社会正義や人権等の原理を真剣に議論すること」や「専門職としての確固たる倫理観をソーシャルワーカーが身につけることが不可欠」であるとしている。[28]

　　　「社会構造とは、『個人、社会的行為、地位と役割、集団、制度、規範・価値など』の経験的水準において考えられる『全体社会を構成する諸部分、諸要素』といった『社会的要素のうち、比較的持続的で相対的に安定したものをいう[29]』」。

　しかし、このような社会構造からの解放を志向するには、社会構造に対する深い認識と、その上で、その構造から一定の解放を試みた訓練と解放に対する知見を有する者でなければ難しい。このことを度外視の上、現在の社会構造にどっぷり漬かったままで、社会正義や人権の原理を熟知し倫

＊28　髙良麻子（前掲＊17）P.192
＊29　髙良麻子（前掲＊17）P.179

三章　「出逢い直し」による社会変革の促進　139

理観を身につけるだけでは、この構造からの解放に向かう実践を展開することは不可能であろう。

　私たちが、如上のような社会構造の影響下において、私たちの実践があるということへの理解が不足していると、「排除する側」としての「優位的な価値規範」に迎合することや、却って、この価値規範との過剰で不毛な対立を繰り返すことで孤立してしまうことすらあり得るからだ。そして、「優位的な価値規範」から自由になるためのソーシャルワークの訓練と知見は、「『人びと』のために（for）」ではなく、「『人びと』とともに（with）」にある実践の堆積を通じてこそ培われていくであろう。

　まず私たちは、「普通」や「常識」というものの存在が、一部の人たちからみたそれでしかないことへの認識を深めておく必要がある。つまり、客観的な事実はこの世に存在しないということだ。このことは、言語学の見解や社会学における社会構成主義などをいちいち持ち出さなくても容易に理解することができるだろう。

　例えば、「人びと」とソーシャルワーカーが面接室において個別面接を実施したとする。だが、この客観的事実を記録することは誰にもできない。ソーシャルワーカーと「人びと」の対話のやり取りを録音することや逐語録を残せば、客観性が担保されているかにみえるが、その両者の表情や手振りまでもが記録されているわけではないからだ。では、映像を録画してみてはどうだろうか。これに対しても、両者の表情や手振りは一定程度記録できるかもしれないが、角度によっては取り損ねる場面もでてくる。さらに言えば、その部屋の装飾や備品、かてて加えて、床に落ちている塵や埃、汚れまでも記録しなければそれは客観的な記録とは言えないだろう。こうなってくれば、やはり客観的な事実の把握自体が、不可能であることがわかる。

　つまり、私たちが、日常生活で「客観的な事実」として捉えているものは、ある特定の目的を遂行するために、必要な情報や意見等を主観的に取捨選択したものでしかない。従って、「普通」や「常識」には、客観性が

全く担保されていないばかりか、一部の人たちから見てのそれでしかなく、さらに踏み込んで言うならば、その人たちの優位性が保持されることを目的に構成されたものであるといえる。であればこそ、私は、以下の佐高信の主張に同調する。

　　「この国の人間はそれ（『中立公正』）を求めて安住しがちだが、偏っていない『中立公正』は死人の主張でしかないではないか。私はこれからも無責任な『中立公正』に挑戦状を突きつけ、その破壊者となっていきたい」（括弧内は中島）[30]。

　このことを下敷きとして考えれば、これら一部の人たちによる主観で構成された「優位的な価値規範」としての「普通」や「常識」からの逸脱をソーシャルワーカーは恐れるべきではないし、むしろ、これらの規範と対決する覚悟を備えておかなければならない。このような社会構造に対する認識と覚悟の欠落したソーシャルワークは、「人びと」を「排除する側」へ迎合することや、翻って、非戦略的「社会変革」を展開し「人びと」をも巻き込んで孤立する危険性を有している。

「社会変革」に対する障壁③
客観性・中立性への憧憬がより偏向を強化する

　三つ目の論点は、ありもしない客観性や中立性への憧憬が、「人びと」を排除する社会構造を維持・強化してしまうことにある。前著『地域包括ケアから社会変革への道程【理論編】』（批評社）では、ソーシャルワーカーが社会構造を捉える際の留意点を仔細に描いてきた。また拙著では、その意味において、「公正中立」や「不偏不党」を本気で掲げているジャーナリズムにも未来はないと論じている。そこでは、ジャーナリズムもソー

＊30　佐高信（2013）『自分を売らない思想』七つ森書館、P.5

三章　「出逢い直し」による社会変革の促進

シャルワークも、社会から度外視・排除されている人びとの側から社会構造を捉えるという点において共通項があること、そして、既に圧倒的に優位な立場にある人びとや普遍化している彼らに好都合な事実に対して、黙殺・排斥されている人びとから捉えた事実を、ありもしない中立性の担保に配慮するあまり、これらを同等に扱うことによって、結果として、「排除する側」に有利な状況を構築することに加担してしまっている現下のジャーナリズムのあり方を明確に批判している。

　双方の言い分を聞く。このもっともらしい成句によって思考停止に陥ってはならない。例えば、日本の科学分野では「予防原則」が等閑にされている。加藤やすこによれば、「予防原則とは、ある活動が人体や環境に深刻な影響を与える可能性がある場合、因果関係が科学的に完全に立証されなくても予防的対策をとるよう求める考え方」であるとする。[31]このことに対するより具体的な理解を助けるために、黒田洋一郎による以下のくだりも引用しておこう。

　　　「三宅島の場合、結局、火山がいつ、どんな規模で爆発するのかわからず、科学的なリスクの予測には限界があるので、とりかえしがつかない被害を受ける前に、とりあえず島外避難する、すなわち『予防原則』が適用された。世界的に話題の遺伝子組み換え食品や携帯電話の電磁波の問題でも、欧州を中心に、この『予防原則』に基づいて、たとえば携帯電話をやめないまでも、賛否両論あるが、イヤホンで聞くなどの対応が始まっている」。[32]

　この「予防原則」は当然の措置であり、過去においても、例えば、建設資材等に広く用いられていたアスベストや殺虫剤に含まれていた DDT や

＊31　加藤やすこ「ケータイ天国　電磁波地獄　奇形植物と健康被害は全国で発生している」『週刊金曜日』（572 号）2005 年 9 月 9 日 P.27
＊32　黒田洋一郎「科学をよむ」『朝日新聞』2000 年 9 月 13 日

BHC は後に発がん性等の危険が確認され禁止されているものも多い。

　また電磁波については、これまで携帯電話やその基地局にかかる議論が一部でなされてきたが、むしろ、現在注目すべきは「リニア中央新幹線」であろう。電磁波の人体への影響については、十分ではないにせよ、それなりの議論がなされてきていたが、殊に「リニア中央新幹線」に関しては、箝口令が敷かれているかの如く、全くと言ってよい程その問題提起すらなされていない。だからといって、その危険性の無いことが証明されたわけでは、全くないにもかかわらず、である。ここでは、橋山禮治郎による以下のくだりを引用し、問題提起を促しておきたい。

　　「電磁波がリニアで問題視されるのは、速度を制御する周波数の変化によって電磁波の強さがどのように変化し、それがどのような形で人体に影響を与えるかが科学的に完全に解明されていないからである。（中略）電磁波の人体被曝の影響については外国の調査や専門家から多くの指摘がなされ、小児急性リンパ性白血病、小児ガン、脳腫瘍、流産、アルツハイマー病等との関係が警告されている。中国がドイツから輸入した常電導リニアは電磁波に対する住民の大反対で計画変更を余儀なくされたし、ドイツでは高圧送電線の建設が各地で問題になっている。しかし、わが国では、高圧送電線等に関する規制値が設けられているだけで、高速で走行中の変動磁界の大きさについて明確な規制は未だなく、安全だという根拠は殆どない。国内でこの問題は十分に研究されておらず、政府もその危険性を認識できていない[33]」。

　ヨーロッパと比較して「予防原則」の脆弱な構造にある日本社会では、何もしなくても、界面活性剤や電磁波、原子力発電、遺伝子組み換え作物などを普及する側が有利に機能する。逆に、これらに反対する側にとって

＊33　橋山禮治郎（2014）『リニア新幹線　巨大プロジェクトの「真実」』集英社新書、PP.137-138

みれば、討論を開始する以前から、圧倒的に不利な土壌が備わっているということになる。つまり、ここでいう「反対の側」から見れば、現下の社会構造自体に、不公正・偏向状態が存在するということになるのだ。この土壌の上で、「普及する側」と「反対する側」の双方の言い分を等しく取り上げれば、結果として、現在の「不公正・偏向状態」を持続させることに逢着するだろう（図3-3）。さらに言うと、その展開は、この「不公正・偏向状態」に"正当性"を附与することにまでも連なってしまう。「双方の言い分」を等しく聞いたのだから…、と。

　特に、原子力発電に関しては、東日本大震災を経験するまで、「反対する側」は少数派を通り越して孤立者の段階にまで押しやられていたため、このことが顕著に表れていたものだ。落合恵子による以下の発言は、これらの実体を説明するものとして言い得て妙である。

　　「ジャーナリズムにおける中立という言葉にも疑問がある。大きな声が通じやすい世の中で、両論併記にして同じ行数を出して中立か。小さい声に一行プラスすることが中立に近づく道だ[34]」。

　今一つ本質的な指摘をしておくと、人権はすべての人間に等しくあるわけではない。特定の権力と権限を有する者とそれを持たない者の人権は、等しく付与されているわけではない。むしろ後者にひらかれていなければならないのが人権である。この点、佐高信は、「特権と人権」の相違を指摘し、「人権を拡げるとともに、特権を撃つ」ことの重要性の観点から、「ダイアナは人権を捨てて特権の世界に入ったのだから、かわいそうだなどというのはおかしい」と批判している[35]。いわゆる安倍政権下における「森友・加計問題」が厳しい世論の追求を受けているのはこのためである。この意味においても、ソーシャルワークとジャーナリズムは、「特権」に対する

＊34　「共同加盟社論説研究会」『中国新聞』2005 年 4 月 9 日
＊35　佐高信（2000 年 4 月 28 日）「佐高信の人物メモワール①久野収」『週刊金曜日』(313 号)

144

批判的視座を保持することと、徹底した「人権」擁護に向けた展開の共同
歩調をとることが求められるだろう。

「社会変革」に対する障壁④
極端な論理との「中間をとる」ことによって生じる偏向

　論点の四つ目として、極端な意見との均衡をとろうとすることにも
陥穽があることを指摘しておく。このような手法は、MBA（Master of
Business Administration）の説得・交渉の技術においても逆説的に登場す
るが、ジャーナリズムはもとより、ソーシャルワーカーが「人びと」の
側に立つ際に、ソーシャルワーカーとしての価値を見失わないために、押
さえておくべき事柄といえる。例えば、相模原市の障害者施設殺傷事件に
みるように、入所者19名を刺殺し、職員3人を含む27人に重軽傷を負わ
せたとする被告による「重複障害者は生きていても意味がないので、安楽
死にすればいい」という典型的な優生思想に基づく言い分と、そのような
障害者差別の解放（「解消」ではない）を志向する「人びと」やソーシャ
ルワーカーの見解を等しく扱えばどうなるだろうか。それは、少なくとも、
障害者差別の解放に一定の歯止めをかけてしまう"成果を上げる"ことへ
と帰結するだろう（図3-3）。もし、両者の言い分を等しく取り扱おうと
する前提の上で、これらの議論を展開するのであれば、同じ土俵に乗るこ
と自体を拒否する必要がある。なぜならば、障害者差別の実態について何
も知らない人、例えば子どもたちが、両者の言い分を等しく聞けば、障害
者を凌辱することにも一理あると受け止めてしまいかねないからだ。

＊36　ここでは、「まず相手に小さな頼み事をし、そこから徐々に大きな頼み事をしていく
　　手法」（フット・イン・ザ・ドア・テクニック）と「最初に大きな依頼をし、後で小さな
　　依頼に変える手法」（ドア・イン・ザ・フェース・テクニック）が挙げられる。グロービ
　　ス経営大学院（2011）『グロービス　MBA クリティカル・シンキング』ダイヤモンド社、
　　P.91
＊37　「相模原殺傷 尊厳否定『二重の殺人』全盲・全ろう東大教授」『毎日新聞』2016 年 7
　　月 28 日、「論点　相模原殺傷 1 年」『毎日新聞』2017 年 7 月 28 日

このことは、決して
的外れで杞憂の論議
ではなく、昨今の自民
党議員によるLGBTQ
に対する差別発言や財
務事務次官によるセク
シュアルハラスメント
発言が、一部の批判に
さらされながらも、「発

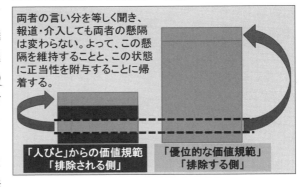

図3-3「影響力」と「発信力」の懸隔

両者の言い分を等しく聞き、報道・介入しても両者の懸隔は変わらない。よって、この懸隔を維持することと、この状態に正当性を附与することに帰着する。

「人びと」からの価値規範　「排除される側」

「優位的な価値規範」　「排除する側」

言者の人権」や「双方の話を聞く必要性」、「それぞれの政治的立場・色んな人生観の尊重」、という論理的すり替えのもとで看過され不問に付され続けている事態をみても積極的に検討すべき事象であるといえる。[*38]「人権を蹂躙する側」と「人権を擁護する側」の双方の言い分を聞くことやその「多様性」を認めることによって、私たちの社会が一体何処に逢着するのかについて想像を巡らせておく必要がある。

因みに、これらの差別発言は、「言論の自由」の範疇を明らかに逸脱したヘイトスピーチと同様に「地域社会から排除することを煽動する不当な差別的言動」[*39]であり、また、「発言者の人権」についても、権力を有する者による責任の重さを考えれば、取るに足らない妄言であることは明白である。

もちろん、本書の基本的視座は多様な人びととの対話の重要性にある。しかしながら、「人間を抹殺・凌辱する人たちの論理」と「ソーシャルワークの論理」を同じ土俵に載せて正否を争えば、社会に不利益を還元してしまいかねない。この場合、人間を「抹殺・凌辱する側」に利することに帰

---

*38 岡大介、立野将弘「セクハラ疑惑 麻生財務相『はめられたとの意見ある』」『毎日新聞』2018年4月24日、「社説　LGBT　自民の本気度を疑う」『朝日新聞』2018年8月4日
*39 「本邦外出身者に対する不当な差別的言動の解消に向けた取組の推進に関する法律」附則

着するからだ。よって、このような「抹殺者」・「凌辱者」たちの言動と対峙する際は、彼らの論理だけを俎上に載せて批判と反駁を展開することが重要となる。間違っても、それへの「対案」など出してはならない。

「社会変革」に対する障壁⑤
ソーシャルワーカーにおける社会学の知見の欠如
──「社会的コントロール」と「社会的ケア」の均衡を保つことの馬鹿らしさ──

　このように中立性を希求する動きには、落とし穴が必ず口を開けて待っている。そしてこれらのことは、ジャーナリズムに限ったことではなく、ソーシャルワークにおいても同様である。世界的にみても、例えば、ゾフィア＝T＝ブトゥリムやサラ＝バンクスなど、「社会的コントロール」と「社会的ケア」のバランスをとるのがソーシャルワークであるとの主張があるが、これも同様の批判に晒されるべき論理であるといえる。現下の社会の基盤には、「社会的コントロール」の思想が色濃く、それが「客観性」に裏打ちされているが如く装飾され普遍化している。この「社会的コントロール」へ偏向している社会構造のもとで、「社会的コントロール」と「社会的ケア」のバランスをとれば、それは明らかに「社会的コントロールへ」の偏重を促すことに逢着するだろう。このような陥穽にはまらないためにも、ソーシャルワーカーは、「人びと」の側から注意深く社会構造を捉え、そこから見える構造と、私たちの周囲にある普遍化されて捉えられている構造との差異を吟味し、この相違点を十分に理解しておく必要がある。それができなければ、ソーシャルワークは、その意図の有無にかかわらず、結果として、「人びと」の権利の毀損に加担することになるからだ。

　「社会的コントロール」については、過去の歴史を顧みても、海外において、1930年代のナチス・ドイツにおける障害者等の選別・収容・避妊手術・国外退去に加担した例が認められ[40]、日本においても、「ハンセン病

＊40　イアン＝ファーガスン（2012）『ソーシャルワークの復権　新自由主義への挑戦と社会正義の確立』（石倉康次、市井吉興訳）クリエイツかもがわ、P.33

強制隔離政策」に社会福祉専門職は加担してきたし、旧優生保護法のも[*41]
とで、障害者に強制的不妊手術が実施されていた問題では、障害者福祉
施設の運営者や職員がこの推進に従事していた実態が明るみに出ている[*42]。
また、先に挙げた拙著では、生まれつき重度の聴覚障害者に対して、健常
者の価値規範に従って、無条件に音声言語を習得するための訓練を促す専
門家の瑕疵を取り上げ断罪しておいた。かてて加えて、学校への通学が至
上化した社会構造下では、その子どもの権利を支援するためには、積極的
に不登校を選択する必要がある事例であったとしても、その判断を妨げる
圧力が根深くあることなど、以上の事柄が、この「社会的コントロール」
にあたるだろう。

　このように「社会的コントロール」が強化され敷衍している構造下にお
いて、ソーシャルワーカーが「社会的ケア」へ向かう覚悟を抱いていける
のは、このような社会構造を根底から理解していることによる。この社会
構造を理解することによって、ソーシャルワーカーは、「普通」や「常識」
とは異なる視点を持つことや、この視座に依拠した実践を自信をもって展
開することができるようになるだろう。また、「社会的コントロール」に
流されていく重圧に対しても、自身の理解によって、それを上手くかわす
こともできるようになる。要するに、社会構造を理解しておくことが、ソ
ーシャルワークの価値や使命からの逸脱を回避することへ連なるのだ。

　この社会構造に対する知見と勇気を等閑にしておいて、専門職としての
倫理観や価値、批判的な視点を有するだけでは、ソーシャルワーカーが、
この「優位的な価値規範」からの解放に向けた展開を継続することは難し
い。このような理不尽な社会構造に対する認識がなければ、ソーシャルワ
ーカーによる「社会的コントロール」「排除する側」への迎合が始まるか

＊41　財団法人日弁連法務研究財団ハンセン病問題に関する検証会議（2005 年 3 月）「ハ
　　　ンセン病問題に関する検証会議　最終報告書」財団法人日弁連法務研究財団
＊42　「旧優生保護法を問う　強制不妊　34 道府県開示資料（その 1）-（その 3）」『毎日新聞』
　　　2018 年 6 月 25 日

らだ。加えて、この構造への認識がなければ、翻って、実現不可能な無謀ともいえる実践の展開へと繋がりかねない。この圧倒的に不利な状況下にあることを踏まえ、どのような変化をどこに促すべきかの緻密な戦略なくして、「社会的ケア」や権利擁護、さらには社会変革の促進は困難を要することになるからだ。かつて、イアン=ファーガスンが、ラディカルなソーシャルワークの実践における「社会学」の重要性を指摘していたのはそのためだろう。

　　「1970年代のラディカル・ソーシャルワーク運動の主要な功績の一つは、社会学をソーシャルワーク課程に組み込むことによって、全てのソーシャルワーク課程の学生の専門教育の構成要素として、構造的な要素が持つ影響力の理解を確保したことであった。しかし、近年、この構造的な要素が持つ影響力の理解は希薄化している。その理由として指摘できるのは、まず、ソーシャルワークのカリキュラムにおける知識を犠牲にし、技術や職務を強調するカリキュラムの変化にある」[43]。

「社会変革」に対する障壁⑥
「再生産」と「再創造」の混同──二重の排除を受けている「人びと」──

　次に6つ目の観点であるが、多くのソーシャルワークの展開を顧みれば、そこに「再生産」と「再創造」の渾沌化がみられる。これは、二章においても若干、「児童労働」に対する国際ソーシャルワーカー連盟（IFSW）の動向や「学校授業料無償化」の課題点を俎上に載せて論及した事柄でもある。つまり、真に児童労働を退歩させていくためには、児童労働そのものに対する直接的な介入としての「再生産」のみならず、児童労働の根源的要因である格差や貧困への働きかけという「再創造」との共同歩調をと

＊43　イアン=ファーガスン（前掲＊40）PP.238-239

三章　「出逢い直し」による社会変革の促進　149

ることが不可欠であり、また「学校授業料無償化」においても、貧困層の子どもたちを学校に通学できるようにするという「再生産」の取り組みと併せて、労働・雇用や貧困の問題を緩和することで子どもたちの暮らしの質を高めることや、偏差値教育等の学校教育そのものが有している弊害を変革していく「再創造」に向けた展開が求められていることを説明した。

　このように、私たちの「社会変革」は、「人びと」の有する眼前の問題を短期的に除去していくといった「再生産」と、その問題の本質的な要因である社会構造を変容させていく「再創造」の両者に照準を合わせ進めていかなければならない。もしも、私たちが「再生産」にのみ傾倒してしまえば、根本的な問題解決から遠ざかってしまうばかりか、排除の構造をより社会に強化させてしまうことに加担してしまいかねないからだ。しかし生憎にも、上記に叙述してきた通り、少なくとも日本のソーシャルワークにおいては、「再生産」にかかる実践のみが顕著に進展しているように思われる。

　このことは障害者の就労支援の実態をみれば明らかであろう。多くの施設・事業所では、現下の社会構造のもと、如何に障害者の就労機会を創出するのかに躍起になっているものが殆どであり、その構造を前提としつつ、その枠組みの下で、障害者の特性を生かしたものや健常者労働の間隙を縫うものが際立っている。またその一部からは、衆目を集める"成功例"も見受けられる。しかし、このような「再生産」にかかる実践だけでは、障害者にとって、個々の特長や個性が尊重された就労に結びつかないことは明らかである。つまり、そこでは、「生産性」と「効率性」を過度に追求する労働のあり方そのものが問われなければならない。この点について、少し長くはなるが、より重要な問題であると捉えているがゆえに、拙著（『地域包括ケアから社会変革への道程【理論編】』）から以下のくだりを紹介しておきたい。

　「個人の困難を、社会の構造上の問題と結合して捉えることのでき

る視野の広い展開がソーシャルワークには求められている。この見地から論じれば、障害者の就労支援の問題も、社会における就労そのものが有している構造的な課題の克服を経ずして本質的な解決をみることは無いといえるであろう。つまり、労働を商品化し、生産性と効率性、競争原理に傾注した普遍的な就労の在り方そのものがまず問われているのであり、この根源的な瑕疵を乗り越えない限り障害者の就労支援は成就しないといえる。まさに、ジョン＝ラスキンが主張しているように、労働者の業務時間と労力を基盤に、商品とサービスの価値（価格）を定めるなどの仕組みが普遍的労働に構成されない限り、労働自体の商品化・廉売化が伸展し、更に弱い立場に置かれた障害者はより搾取の対象となり得るし、労働の機会すら奪われることになるからだ。[44]　現在この就労支援の現場で、世間から評価を得ているものの多くは、この労働そのものにおける根源的問題を等閑に付し、その構造のもとでの競争を制したものがほとんどである。これらの実践は、この潮流を推し進める人びとからは称賛され、模範や手本として仕立て上げられるのだが、この『就労』の本質的問題を黙殺し、むしろ問題を強化していることにも着眼しなければなるまい。もちろん、これら『成功事例』は、現下の社会構造のもと、なんとか障害者の就労の場を巧みに構築していこうとする情熱と労力、技術を基盤に有するものであり、否定されるべきものでは断じてない。ただ、優れた実践に対する称賛の陰で、本質的な問題がかえって強化されてしまうもう一つの側面を忘れてはならない[45]」。

以上のようにみてくれば、私たちの支援を必要とする「人びと」は、貧困・

＊44　ジョン＝ラスキンは次の様に述べている。「（前略）つねに他のものの価値を労働の量によって算定しなければならないのであって、労働の価値を他のものの量によって算定すべきではない」。ジョン＝ラスキン（2008）『この最後の者にも　ごまとゆり』（飯塚一郎、木村正身訳）中央公論新社、P.140
＊45　中島康晴（前掲＊19）PP.51-52

三章　「出逢い直し」による社会変革の促進　151

障害・疾病等のある「人びと」として排除されていると同時に、「生産性」・「効率性」などの基準よって規定される能力尺度により二重に排斥されていることがわかるだろう。言い換えれば、前者は、「人びと」であることへの排除であり、後者は、能力主義に依拠した人間の階層化であり、差別であると同定できる。この「人びと」に対する排除と、すべての人間に向けた「能力的」な選別・差別という二重の排除構造については、下記にある定藤丈弘の指摘が参考になるだろう。

　定藤は、障害者の機会平等理念が、「能力主義的であるとの批判」に晒されていることを吐露している。そして、この批判に対して、障害者の「機会平等法制によって障害者の多様な能力を評価するということと、産業社会にとって有用な『能力』によって一面的に人間を序列化する『能力主義』とは明確に区別」しなければならないと主張する。[46]つまり、定藤も、ここに二重の排除が存在することを明示しているのである。

　よって、私たちは、「人びと」への排除が、幾重にも渡って構造的に形成されている事実を押さえておかなければならない。そうでなければ、その実践は、皮相的な課題解決に終始し、いや、翻って、根源的な問題の強化にさえ直結し得るからこそ、「人びと」の真のエンパワメントや解放に届かないばかりか、ソーシャルワークの目的である人間の解放からも背理してしまうからだ。少なくとも、ソーシャルワーカーには、「人びと」の暮らしの困難と向き合う際、面前の事象にのみ捕らわれるのではなく、その背景にある重層的な社会構造にある問題を念頭に置きながら、その支援を展開していくことが求められているのである。

「社会変革」に対する障壁⑦
「排除されていない者は（排除する側に）包括されている」

　そして、このような社会構造の変革を困難にしている理由として、七つ

＊46　定藤丈弘（1994）『人権ブックレット45　障害者と社会参加　機会平等の現実——アメリカと日本』部落解放研究所、PP.90-92

目に押さえておくべきことは、「普通」や「常識」などと呼ばれる「優位的な価値規範」を積極的に形成する側の人たちのみならず、その価値規範を無批判に、もしくは諦観して受け入れている人びとまでもが、「排除する側」に包括されているという事実にある。以下のゲオルグ＝ジンメルの指摘は、ソーシャルワーカーが社会構造を捉える際の着眼点についての重大な示唆に対する所与として捉えることができるだろう。

　　「あらゆる現実的な共同社会の実際の量的な限界づけにもかかわらず、重要な一連の限界づけが存在する。その内的な傾向は、排除されていない者は包括されているということである。一定の政治的、宗教的、身分的な円周内において各人は、たいていは自発的ではないにしても、彼の生存によってあたえられた一定の外的な諸条件を満足させ、ただちに『それに所属している』と考えられる。たとえば国家領域のなかに生まれた者は、特別な状態が彼を例外としないばあいは、幾重にも複雑な国家団体の成員である。一定の社会階級の所属者は、自発的あるいは非自発的に局外者とならないばあいは、もちろんその階級の社会的な因襲と結合形式のなかへ引き入れられる[47]」。

　つまり、「排除されていない者は（排除する側に）包括されている」（括弧内は中島）と捉えるべきであり、「優位的な価値規範」を主体的に構築する側の人びとのみならず、本人の意識の如何に関係なく、それを無批判に受け入れている人びとも含めて、「排除する側」に包括されているといえるのである。単純な例を挙げれば、学校でいじめに遭っている子どもを、直接いじめている子どものみならず、それに異論を唱えず、傍観しているすべての子どもたちも「いじめる側」に所属しているということになる。「いじめられる側」以外は、すべて「いじめる側」に包括されているのだから。

───────────────

＊47　ゲオルク＝ジンメル（1999）『社会学　社会化の諸形式についての研究（上）』（居安正訳）白水社、P.409

三章　「出逢い直し」による社会変革の促進　　153

そして、この場合の「いじめる側」からの脱却の方法は、学校の成員になること自体を辞めて「局外者」となるか、そうでなければ、「いじめる側」への異議申し立てを表明することで、「いじめられる側」への加入をすることが求められるということだ。

つまり、「排除する側」への異議申し立てを含意していなければ、ソーシャルワーカーの自覚の如何によらず、自動的に「排除する側」に加担してしまう危険があることを私たちは押さえておかなければならない。

以上みてきたように、ソーシャルワーク実践、特に、「社会変革」やソーシャルアクションは、ソーシャルワーカー自身も多分に影響を受けている「普通」や「常識」からの解放を必要としていることがわかる。そして、このことは、ソーシャルワーカーが実践の中で終始一貫して顧慮しておかなければならない重大な心構えとなる。

このように「人びと」を解放し、ソーシャルワーカーが解放されるために、私たちはどのような視座をもつべきなのだろうか。ソーシャルワーク（専門職）のグローバル定義における「人々のエンパワメントと解放」における「解放」とはいったい何を意味するのか。この「解放」の意味する事柄についての検討は、四章で詳しくおこなうことにする。

ソーシャルワークにおけるソーシャルアクションとしての「出逢い直し」

そして、ジンメルの言説に従えば、ソーシャルワークが「変革」すべき対象者は、「権限・権力保有者」に限らないことがわかるだろう。ソーシャルワーカーが一義的に「変革」すべきは、「権限・権力保有者」であるかもしれないが、「排除されていない者」が「排除する側」に包括されていることを踏まえれば、「排除する側」に対する明確な反抗を表明していない専門職も含めた地域住民や家族等の人びとへ向けた変革も促進しなければならなくなるからだ。さらに言えば、「権限・権力保有者」の中にも、「排除する側」への批判を通じて、「排除される側」の視点を内含している者もいるだろう。これは一章における「『従来型』による『社会変革』の陥

窄」節での主張と整合する論点でもある。この場合は、「権限・権力保有者」との連携のもとに、「排除する側」の人びとの変容を促進していくことも考えられる。

よって、本書では、ソーシャルアクションを、ミクロ（個人）・メゾ（地域）・マクロ（国家）領域の如何によらず、「人びと」を「排除する側」に対する働きかけとして捉えることにする。この「排除する側」には、「排除する側」に対する異議申し立てを表明しない「権限・権力保有者」も含まれるが、同じく「異議申し立てを表明しない」地域住民、家族、専門職も同定していくことにする。であればこそ、本書の中核をなす「出逢い直し」は、「社会変革」のみならず、ソーシャルアクションにも連なることを積極的に承認していくものである。

繰り返しにはなるが、このことは、「権限・権力保有者」へのソーシャルアクションを捨象することを意図しているのではない。「公的責任を安易に地域社会に転嫁することがあってはならない。それを防ぐ、あるいは是正するのがソーシャルアクションだと言える」と髙良麻子が主張するように、[48]従来専門職が担うものとして位置づけられてきた介護予防サービスの動向を含め、地域住民を「サービス提供者」側に位置づけるなどの「公助」の減退がみられるなか、「権限・権力保有者」に対する働きかけは、これら公的責任の逃避を阻止する一つの方法になりうることにも意識を集めておく必要があるだろう。

加えて、髙良が、ソーシャルアクションにおける「協働モデル」を提起し、そこに「法制度の創造や関係構造の変革等」が含意される旨説いていることは注目に値する。[49]この「関係構造の変革」をソーシャルアクションの範疇に置いている点に、「出逢い直し」とソーシャルアクションの接合点を見いだすことができるからだ。また、「従来型」のソーシャルアクションに加え、新たに、「協働モデル」の存在を明示することによって、ソー

＊48　髙良麻子（前掲＊17）P.180
＊49　髙良麻子（前掲＊17）PP.183-184

シャルアクションの実践方法をより広範に「ひらく」ことに大きく寄与していくであろう。このように私たちには、「社会変革」を進展させていくために、今まさに、多様な「社会変革」の方途を模索していくことが求められているのだ。

四章

ソーシャルワークの中核に位置する「社会変革」

● ソーシャルワークの要諦

　本書では、以下に再掲するように、人間の尊厳を毀損する要因を理念型として、二つの要素を用いて説明してきた。

　Ⅰ 人びとの社会的権利を保障する社会保障を中心とした（雇用・労働・教育・住宅・文化・芸術・自然環境保全・防災などを含む）制度・政策の減退。
　Ⅱ 人びとの互酬性と多様性、信頼の関係の稀釈。

　そして、この双方の重要性と連動性を踏まえた上で、本書では特にⅡにかかる対応へと議論を収斂させていくことにも言及した。本書では、その命題でもあるすべての人間の尊厳が保持された地域共生社会の構築のために、Ⅱの困難を乗り越える方法を、「地域の絆」における実践を通して明らかにしていく。私たちが12年に渡って広島県内10カ所の地域で展開してきた実践は、如上の「出逢い直し」を地域に敷衍し、Ⅱにおける人びとの関係構造の変容に一定の役割を果たしてきた。その経験から、私たちは、ソーシャルワークには、地域における「出逢い直し」の実践によって、人びとの関係構造とアイデンティティの変容を促す潜在力があることを確信している。

そして、「地域の絆」の組織理念をみれば、私たちの実践の基盤にはソーシャルワークが据えられていることが理解できるだろう。[1]このことは、「出逢い直し」による社会変革を推進していくためには、その基盤にソーシャルワークが置かれていなければならないことを意味する。

　五章から七章で示していくように、本来の地域共生社会の実現には、すべての人間の尊厳保障が志向されていなければならない。この実現のためには、ⅠとⅡの双方を克服する必要があるが、各地における地域共生社会のすべての担い手が直接従事する領域はむしろⅡに対してであろう。であ

＊1　以下に「地域の絆」の組織理念を提示しておく。

＜法人理念＞

基本的人権の尊重

　　利用者の人間としての尊厳を守る。

　　地域住民・法人職員の人権を尊重する。

　　憲法第 13 条・第 25 条を遵守する。

地域主義

　　地域との絆を大切にする。

　　地域の一員として、地域住民と共に、誰もが自分らしく安心して暮らせる地域社会を構築する。

平和主義

　　ひとり一人の人権が尊重されている社会は、平和で満ち溢れている。

＜運営理念＞

　①人間としての尊厳を守る。

　　※利用者・地域住民・職員間においてもその人権を尊重する。

　②地域再生・地域活動の拠点となる施設運営。

　　※ソーシャルワーク・コミュニティケアを念頭に置いた施設運営。

　③自立支援を念頭に置いたサービスの提供。

　④思いやりと向上心の確立。

　⑤専門的職業意識の確立。

　⑥ソーシャルチェンジ・ソーシャルアクションの視点を持つ。

　　※既成概念にとらわれない支援方法の追求。

　⑦近隣他事業所と協働の視点を持つ。

＜運営方針＞

　①住み慣れた地域で、末永く本人らしい生活が送れるように臨機応変な支援を行う。

　②きめ細かくひとり一人の方を大切にするサービスを提供する。

　③ご本人の自立能力と残存能力及び地域の介護力の維持・向上を支援する。

るならば、これは、すべてのソーシャルワーカーにとっても同様であり、地域共生社会の実現に向けてあらゆるソーシャルワーカーはⅡを踏み越えていかなければならない。加えて、このⅠとⅡの双方の超克はまさに、ソーシャルワークの中核に据えられた「社会変革」そのものであると言える。

　以上を整理すれば、本書でこれから更に明らかにしていくことは、一つは、権利擁護に資する地域共生社会のあり方についてであり、二つ目に、そこに寄与する「出逢い直し」の促進を中心に据えた具体的な実践方法、最後に、ソーシャルワークにおける「社会変革」の一つの形態として、地域における人びとのアイデンティティと関係構造の変容があることを示し、ソーシャルワーカーによる社会変革の促進を支持することにある。まさに、一冊の書籍を通じて、地域共生社会とソーシャルワーク、「社会変革」やソーシャルアクションの進展に寄与するという遠大な挑戦になるだろう。しかし、要素を分解すれば上記3つの項目による説明となるのだが、3つの要素の根底にはソーシャルワークが敷かれており、やはり、本書は終始一貫してソーシャルワークの理論と実践に依拠して描かれていくソーシャルワークの書となるといえる。

　そこで、ここからは、本書で取り扱うソーシャルワークの定義と、その中核となる「社会変革」のあり方について若干の整理をしておきたい。

「ソーシャルワーク（専門職）のグローバル定義」の特徴

　ソーシャルワークは、19世紀にイギリスを中心とするヨーロッパを起源として、アメリカに普及し、アメリカとヨーロッパ双方において、理論と実践を進展させてきた。[2] 専門職としての台頭が明確になったのは20世紀初めであり、現在では、ソーシャルワーカーは、「人をケアする専門職として、人々のコンピテンスと機能の増進、社会的支援や資源の利用、人間的で配慮に富んだソーシャルサービスの創出、そして社会構造の拡大に

＊2　宮本節子（2013）『ソーシャルワーカーという仕事』筑摩書房、P.164

よる全住民への機会の提供の実現のために、人々と協働する」者とされている。端的に言えば次のようにも表現されている。「プラクティスを通じて、社会構造を脅かす問題に対処し、人と社会のウェルビーイングに否定的影響を与える社会状況を是正する」[3]。

　日本におけるソーシャルワーク専門職の4つの団体（日本医療社会福祉協会・日本社会福祉士会・日本精神保健福祉士協会・日本ソーシャルワーカー協会）で構成されている日本ソーシャルワーカー連盟は、約120か国の団体で形成された国際ソーシャルワーカー連盟（IFSW）に加盟しており、本連盟（IFSW）におけるソーシャルワークの定義を採択している。因みに、この国際ソーシャルワーカー連盟（IFSW）によるソーシャルワークの定義は、経時的に変遷を遂げており、1982年のブライトンにおける初定義まで遡れば以下のような変化がみられるという。

　　　「ソーシャルワークは、社会一般とその社会に生きる個々人の発達を促す、社会変革をもたらすことを目的とする専門職である」（1982年）[4]。

　　　「ソーシャルワーク専門職は、人間の福利（ウェルビーイング）の増進を目指して、社会の変革を進め人間関係における問題解決を図り、人びとのエンパワーメントと解放を促していく。ソーシャルワークは、人間の行動と社会のシステムに関する理論を利用して、人びとがその環境と相互に影響し合う接点に介入する。人権と社会正義の原理は、ソーシャルワークの拠り所とする基盤である」（2000年7月27日モントリオール総会にて採択）。

＊3　ブレンダ＝デュボワ、カーラ＝K＝マイリー（2017）『ソーシャルワーク 人々をエンパワメントする専門職』（北島英治監訳、上田洋介訳）明石書店、P.3-4

＊4　三島亜紀子（2017）『社会福祉学は「社会」をどう捉えてきたのか　ソーシャルワークのグローバル定義における専門職像』勁草書房、P.13

「ソーシャルワークは、社会変革と社会開発、社会的結束、および人々のエンパワメントと解放を促進する、実践に基づいた専門職であり学問である。社会正義、人権、集団的責任、および多様性尊重の諸原理は、ソーシャルワークの中核をなす。ソーシャルワークの理論、社会科学、人文学、および地域・民族固有の知を基盤として、ソーシャルワークは、生活課題に取り組みウェルビーイングを高めるよう、人々やさまざまな構造に働きかける。この定義は、各国および世界の各地域で展開してもよい」（2014年7月メルボルンにおける国際ソーシャルワーカー連盟（IFSW）総会及び国際ソーシャルワーク学校連盟（International Association of Schools of Social Work：IASSW）総会において定義を採択）。

　まず、直近の「ソーシャルワーク（専門職）のグローバル定義」の特徴をみておきたい。原理・価値において、「集団的責任」と「多様性尊重」が追記されている。「多様性尊重」については、「人権の尊重」が貫徹されれば、これに連なる価値であるといえるだろう。つまり、個人の意思・自己決定に依拠した幸福追求が保障されるならば、それは必然的に「多様性尊重」へと帰着するからだ。

　しかし、もしもこの「多様性尊重」が、本定義の注釈「中核となる任務」の項目で挙げられている「人種・階級・言語・宗教・ジェンダー・障害・文化・性的指向などに基づく抑圧や、特権の構造的原因の探求を通して批判的意識を養うこと」だけを指しているとすれば、むしろ、不十分であり、「抑圧される側」、例えば、在日韓国・朝鮮人、被差別部落出身者、障害者、LGBTQというそれぞれの枠組みの内部においても、多様性が認められることまでが含意されていなければならない。当然のことではあるが、障害者の中にも、障害に対する多様な受け止め方があってよいということだ。でなければ、私たちは、以下に示す梁石日の論述にあるような誤謬を

四章　ソーシャルワークの中核に位置する「社会変革」　　161

犯してしまいかねない。

　　「組織（北も南も含めて）が要求していたのは、はじめに民族的ア
　イデンティティありきであったが、そのことが在日の若者にある種の
　強迫観念を強いてきたといえる。朝鮮人という自明の前提が、日本の
　差別社会の中でいかにすれば民族的アイデンティティを確保できるの
　かというダブルバインド（二重拘束）に陥るのだ。そこでは朝鮮人と
　いう自明の前提が自己の内部で自己疎外してしまう。つまり人格の二
　重性が形成されるのである。（中略）組織は自己表現をめざす若者た
　ちの内面に目を開こうとせず、ひたすら政治的ナショナリズムだけを
　強要してきたと思う。在日のアイデンティティの道すじは一つではな
　く、百人いれば百通りの道すじがあるのである。そのことを強調した
　い」[5]。

　次に「集団的責任」についてであるが、これについては、現時点におけ
る明確な統一的見解があるとはいえない。拙著でも、次のように見解を述
べている。

　「（『集団的責任』について）、その意味が非常に理解しづらい。もし、排
除されている人びとに対してその『集団的責任』を押し付けることに用い
られては本末転倒である。よって、私は、この『集団的責任』を『社会の
構成員としての責任』を指すものと解釈することにしたい。更に言えば、
この『集団的責任』は、『集合的責任』と訳すべきであり、そうすることで、『集
合』することで生じる責任及び『集合』するかどうかを選択する責任と捉
えることが可能となり、私の解釈とより近くなるであろう」[6]。

＊5　梁石日 1996 年 10 月 18 日「梁石日の眼」『週刊金曜日』P.44
＊6　中島康晴（2017）『地域包括ケアから社会変革への道程【理論編】　ソーシャルワーカ
　　ーによるソーシャルアクションの実践形態』批評社、P.23

「collective responsibility」は、やはり、「集団的責任」ではなく「集合的責任」と訳されることが、一般的多くにみられるし、その意味からも「集合的責任」と訳す方が適切ではないかと思われる。他方で、本質的には、個人の暮らしの困難に対するその「社会の構成員としての責任」という捉え方を据えておくべきだろう。つまり、貧困・障害・疾病・差別などにおける自己責任論のアンチテーゼとして、そして現在進行している自己責任化に抵抗する概念として「集団的責任」位置づけるべきであると考える。まさに、個人の暮らしの困難に対する責任を、その個人に押し付ける自己責任論を排し、社会全体でその責任を負うことを志向した価値として認識しておく必要があるのだ。

　この点について、サラ＝バンクスが掲げる「社会正義を志向するソーシャルワーク倫理のための価値試論」の「抵抗への集団的責任」にも以下のくだりが認められる。

　　「ソーシャルワーカーが、関係性としての、すなわち抑圧し束縛する構造や、制度の文脈における自律性を探究するときに、彼女は、ソーシャルワーカー、サービス利用者、貧困状態の人びとの『責任化』に抵抗することが重要である。このことは、ソーシャルワーカーが、サービス利用者や他の仲間とともに、社会問題の原因や解決の責任を、個人、家族、共同体に転化することに積極的に抵抗すべきことを意味する。この責任は、すべての市民と共有すべきであり、行動に対する責任も、個人にあるのと同様に集団にもある」[7]。

　さらに、この「ソーシャルワーク（専門職）のグローバル定義」では、「地域・民族固有の知」を実践の基盤とすることが謳われている。2000年の定義

＊7　サラ＝バンクス（2016）『ソーシャルワークの倫理と価値』（石倉康次、児島亜紀子、伊藤文人監訳）法律文化社、P.106

四章　ソーシャルワークの中核に位置する「社会変革」　163

では、「解説」の「理論」の項目の中で、「地方の土着の知識を含む、調査研究と実践評価から導かれた実証に基づく知識体系に、その方法論の基礎を置く」という程度に位置づけられていた「地方の土着の知識」が、「ソーシャルワーク（専門職）のグローバル定義」においては、本体の定義の文中に、ソーシャルワークの理論・社会学科・人文学と併記される形で、「地域・民族固有の知を基盤として」と大々的に盛り込まれることになった。

　三島亜紀子は、2000年の定義から「ソーシャルワーク（専門職）のグローバル定義」までの主要な変更点の一つとして、「調査研究と実践評価から導かれた実証に基づく知識」（「エビデンスに基づく知」(evidence-based knowledge) が削除され、「地域・民族固有の知」が強調されている点を指摘している[*8]。この三島の見解を踏まえて、「ソーシャルワーク（専門職）のグローバル定義」をみれば、「注釈」の「知」の箇所において、この変化の背景と意義についての説明ともとれるくだりが認められる。

　　　「ソーシャルワークの研究と理論の独自性は、その応用性と解放志向性にある。多くのソーシャルワーク研究と理論は、サービス利用者との双方向性のある対話的過程を通して共同で作り上げられてきたものであり、それゆえに特定の実践環境に特徴づけられる。（中略）ソーシャルワークは、世界中の先住民たちの声に耳を傾け学ぶことによって、西洋の歴史的な科学的植民地主義と覇権を是正しようとする。こうして、ソーシャルワークの知は、先住民の人々と共同で作り出され、ローカルにも国際的にも、より適切に実践されることになるだろう」。

　以上のことを鑑みても、「調査研究と実践評価から導かれた実証に基づく知識」から「地域・民族固有の知」への軌道修正を意図していると捉え

＊8　三島亜紀子（前掲＊4）P.12

てよいだろう。実は、「証明可能な実証的根拠を基盤としたソーシャルワーク実践」に対するソーシャルワークからの批判は、遅くとも 2000 年当初から世界的にみられるようになっている。イアン＝ファーガスンは、「証明可能な実証的根拠」自体が、政策立案者にとって心地のよいものであるように誘導されている実態があることや、「科学の適応」によってリスクを除去するというソーシャルワーカーの姿勢の蔓延が、ソーシャルワーク実践の核心ともいえる不確実性と偶然性を蔑ろにすること、さらには、「ソーシャルワークをやっかいで問題の多い専門職にしてしまうような側面、とりわけその価値基盤を除去しておく」ために用いられている点について批判している[*9]。このようなファーガスンの主張を額面通り採用したわけではないにせよ、このような世界のソーシャルワークの潮流がこの変更に影響を与えたことは間違いないだろう。

　そして、「出逢い直し」の観点からこの変化を捕捉するならば、まさに、「獲得としての学習」から「参加としての学習」への遷移と符合するものとして受け止めることができるだろう。つまり、知識を、「獲得」「所有」の対象とすることから、学習者個人の諸関係によって生成され、継続的に再構成される可塑的・流動的なものとして捉えることへの転換である。なぜならば、上記で引いた「ソーシャルワーク（専門職）のグローバル定義」の「知」のくだりにおいても確認できるように、「多くのソーシャルワーク研究と理論は、サービス利用者との双方向性のある対話的過程を通して共同で作り上げられてきたもの」であることを改めて確認したうえで、「ソーシャルワークの知は、先住民の人々と共同で作り出され」ていくべきことが示されており、これらのことが、「実証に基づく知識」から「地域・民族固有の知」への転換に含意されていることがわかるからだ。

　以上のことから、現代のソーシャルワークは、まさに、「参加としての学習」が対象としている知識に照準を合わせているといえる。そして、こ

*9　イアン＝ファーガスン（2012）『ソーシャルワークの復権　新自由主義への挑戦と社会正義の確立』（石倉康次・市井吉興訳）クリエイツかもがわ、P.91-97

四章　ソーシャルワークの中核に位置する「社会変革」

の知識は、「人びと」・家族・地域住民との対話やかかわり、そして、彼らとの協働を通じて創出されるものとして位置づけられる。

であるならば、2000年の定義で示されていた「人間関係における問題解決」が、「ソーシャルワーク（専門職）のグローバル定義」において削除された事実は大きな矛盾点として捉えることができるだろう。一方では、「人間関係における問題解決」を捨象しておいて、他方で、人間の関係性を重視する「参加としての学習」を基盤に置いた「地域・民族固有の知」に照準を合わせているからだ。

さらに言えば、これは、「ソーシャルワーク（専門職）のグローバル定義」以前から共通する課題ではあるが、「社会変革」における「社会」の実体が、押さえられていない点を確認しておく必要があるだろう。特に、「人びと」のより身近で影響力がある「社会」としての「地域」や「組織」への論及が抜け落ちているように思われる。この辺りのことは、上記の「集団的責任」と併せて、今後行われる予定の「ソーシャルワーク（専門職）のグローバル定義」の改定作業において議論がなされるべきだろう。

次からは、国際ソーシャルワーカー連盟（IFSW）におけるこれまでの定義にみられる共通項に迫ってみたい。

国際ソーシャルワーカー連盟（IFSW）による定義の共通項

如上で提示した3つの定義には明白な共通項がみられる。それが、「社会変革の促進」である。そして、2000年以降は、原理・価値が示されるようになる。それが、社会正義と人権の擁護であった。更に2000年の定義以降においては、実践による「エンパワメントと解放」が共通項として認められる。これらを踏まえて以下に検討を重ねていく。

まず価値についてであるが、社会正義の根幹に、機会や結果を含意した平等原則がおかれていることは間違いないだろう。しかし、田川佳代子が論じているように、この社会正義に対するソーシャルワーク側からの明確

な議論の痕跡は驚愕すべき程に見当たらない[10]。そこで、他領域から捉えれば、二章で紹介したナンシー＝フレイザーの主張のように、社会保障等の再配分や社会サービスの充足による格差是正のみならず、人びとが相互に「承認」される「文化的または象徴的な変革」が求められていることがわかる。そして、後者への対応に、本書の真骨頂がある。

　少なくとも、二章でも取り上げたように、貧困が特定の世帯に集中し、その貧困が世代を超えて循環してしまうような現下の社会は、まさに生まれながらにしてその子どもの人生が規定されてしまうという意味で社会不正義を反映した社会であるといえる。これに加えて、この「貧困」の問題だけではなく、認知症・障害・LGBTQ・黒人等への排除・差別が蔓延した「文化的不公正」、即ち、もう一つの社会不正義が認められる社会でもある。

　人権擁護については、第一義として、すべての人間が有する権利であることは押さえておかなければならない。このことは一見自明の理に捉えられがちだが、実際の社会を注視すれば、この権利と現実に重大なる懸隔が認められる。

　三章で論じた財務事務次官によるセクシュアルハラスメント自体は、次官個人による人権侵害行為であるが、実はその周囲における社会機構そのものが、女性の人権を軽視している実態を浮き彫りにしている。社員が受けたセクシュアルハラスメントの相談に当初対応しなかったテレビ朝日や、調査を名目に、セクシュアルハラスメント被害を受けた女性に名乗り出ることを求めた財務省、加害の責任を示さない財務大臣の姿勢などをみれば、この社会では、表層的にしか女性の人権が擁護されていない実態を確認することができるだろう[11]。LGBTQ に対する相次ぐ自民党議員による差別発言も然りである[12]。

＊10　田川佳代子（2015）「社会正義とソーシャルワーク倫理に関する一考察」日本社会福祉学会『社会福祉学』第 56 巻 2 号、PP.1-2

＊11　「テレビ朝日、財務省に抗議文『セクハラが相当数あった』」『朝日新聞』2018 年 4 月 20 日

＊12　村尾哲「自民　対応に追われる　二階氏『大げさに騒がぬ方がいい』」『毎日新聞』2018 年 8 月 2 日

四章　ソーシャルワークの中核に位置する「社会変革」　167

基本的人権の一つの基幹をなす自由権から鑑みても、ジャーナリズムにおける「報道の自由」は減退の傾向がみられるし[13]、生活困窮者や障害者では、「職業選択の自由」や「居住移転の自由」に対する毀損が顕著である。他方、社会権の観点から捉えても、生活保護制度の捕捉率が10.8%であること[14]、矯正施設が多くの障害者の受け皿になっている実態、つまり多くの障害者が社会福祉サービスを受ける対象から漏れ落ちている現状があること、さらには、例えば、ろう者が手話を獲得・習得し、手話を用いた社会参加をするための制度や社会資源が全くの未整備であることなど、障害者の合理的配慮の欺瞞性・欠乏性やそのための環境整備の遅れなどによる「人びと」の基本的人権の明白な収奪が確認できるだろう。

　このように私たちの社会では、多くの人間に対する人権の毀損が明らかであり、であるがゆえに、人権がすべての人間が有するものであるとの共通理解を意識的に広げていく必要がある。すべての人間の尊厳保障を志向する。この意味において、社会正義と人権尊重が、常に背中合わせとなっていることは言うまでもない。

　次に実践における「エンパワメントと解放」についてである。このエンパワメントは、文字通り、人びとの力を強化することにあり、そこには、「人びと」の社会的活動や役割の創出が射程に収められるため、社会環境に対して積極的な変容を促す実践が想定される。社会から度外視・排除される傾向にある人びとの力を引き出すそのような実践を通して、社会環境を「変革」し、「人びと」を排除する呪縛から解放していくことまでをも視野に収めているのである。

　よって、このエンパワメントは、いわゆる受容と共感のみでなされるわけではない。サラ＝バンクスが指摘するように、バイスティックの原則が

＊13　「報道の自由 日本は67位 『敵視』拡大に警鐘」『毎日新聞』2018年4月26日、「報道の自由度、日本は67位」『朝日新聞』2018年4月26日

＊14　生活保護問題対策全国会議編（2018）『これがホントの生活保護改革 「生活保護法」から「生活保障法」へ』明石書店

直接には「社会変革」に寄与しないことと同様に[*15]、受容と共感だけでは、エンパワメントは伸展されないことに留意が必要だ。受容と共感までの対応にとどまることなく、これらを通じて構築されたソーシャルワーカーと「人びと」の信頼関係を原動力としつつも、私たちは、積極的に社会環境を変容していく展望を描いていかなければならない。そして、この実践に今一つ不可欠な要素として、この人びとの解放に向けた働きかけの前提に、ソーシャルワーカー自らが解放されることが挙げられ、このことは三章で叙述した通りである。

　その際、「解放」が意図することについて本章で詳述することを予告しておいた。実は、如上の定義のみならず、ソーシャルワークの領域ではこの「解放」なる言葉がよく用いられている。しかし、この「解放」とは何か、について議論や論及がなされた形跡は、遺憾にも、ソーシャルワークの範囲においては見当たらない。例えば、2016年4月に施行された「障害を理由とする差別の解消の推進に関する法律」（以下、「障害者差別解消法」という）における「差別の解消」は、「差別の解放」と異なるのか否かも定かではない。つまり、「差別の解消」が意図する「解消」の状態が共通理解されていないにもかかわらず、「差別」と対峙しようとしている現状があるというわけだ。これと同様に、「人々のエンパワメントと解放を促進する」ためには、人びとが「解放」された状態についての共通理解が不可欠となる。ここでは、この「解放」についての理解を深めるために、「解消」と比較する作業を経由して、「人間の解放」を志向した実践に求められる視座について論じておきたい。

＊15　サラ＝バンクス（前掲＊7）P.57

●「人間の解放」とは何か？

この世から「差別」と「排除」は無くならない

　殊に、「人々のエンパワメントと解放を促進する」ことがソーシャルワークの根源的な使命である。たとえ、このことを認知していたとしても、この社会構造からの解放は容易になされるものではない。人びとの解放を展開するソーシャルワーカーは、その困難性とその要因についての理解が求められる。この認識がなければ、非現実的であったり、独善的、延いては、中身のない皮相的な実践に終始してしまう恐れがあるからだ。

　ここからは、人びとの解放、更にはソーシャルワーカーの解放をどのように捉え、展開すべきかについて、差別から捉えた社会構造を俎上に載せ論及していく。今までの論考の流れからは若干それてしまうが、ソーシャルワーク実践の本質を考える重要な手掛かりとなり得るため是非お付き合いいただきたい。

　以下に引くように、八木晃介は、「差別」は「排除」の観念形態であると指摘している。これを前提に考えれば、差別と排除が同一とまでは言えないまでも、両者に強い相関性があることは認めてよいだろう。であるならば、権利擁護と関係の非常に深い社会的包摂の実践が求められているソーシャルワーカーの領域と、差別解放に向けた実践は、当然のことながら、整合する関係であることが理解される。つまり、社会的排除に対峙した個別具体的な実践を各地で展開することによって、各地域における社会的包摂を促進していくことが、「差別の解放」にむけた一つの光芒となるということだ。この意味において、ソーシャルワーカーを、差別解放の重要な担い手として位置づけることができるだろう。

　　「やはり、人間というものは差別する存在であり、その意味で排除

や差別は『社会の常態』であるという点です。『排除や差別』と並列しましたが、ここでは『〈排除〉とはそもそも当該社会の〈正当な〉成員として認識しないということを意味する』（江原由美子『女性解放という思想』勁草書房、一九八五年、八四頁）を引用するにとどめ、深入りはしません。あえてつけくわえれば、当該社会の正当な成員として『認識しない』だけではなく、『処遇しない』をふくめるべきだという点です。すでにのべたように、私個人は、「差別」を「排除の観念形態」としてとらえています[16]」。

「もちろん、『排除』と『差別』とが完全に同一物だとまではいえないにしても、『差別』を『排除の観念形態』としてとらえれば（私自身は、この観点にたっています）、理論的には『排除』と『差別』の距離を無限小にまでちぢめることも不可能とはいえません[17]」。

上記のことを下敷きにおきつつ、栗原彬は、それでも差別は無くならないと断じている。これについては八木も同じ立場をとっているが、ここでは栗原の以下の論文を引いておく。

「（前略）現実には差別はなくならない。それはなぜか。私はポイントは二つあると思う。第一に、政治権力にとって、差別はすぐれて政治的機能をもつが故に、権力のエコノミーとして差別は保全される、ということである。政治権力が、特定の政治目的を達成しようとするとき、また社会統合を進める際、差別の効用はきわめて大きい。更に政治権力は、差別が競争型の市場において利益を上げる上で利用価値が高いことを見出してきた。第二に、近代化の啓蒙に伴ない、『差別は悪い』という言説が一般化したことである。タテマエになったこの

＊16　八木晃介（2010）『差別論研究　部落問題の自然史的考察』批評社、PP.61-62
＊17　八木晃介（前掲＊16）P.40

四章　ソーシャルワークの中核に位置する「社会変革」　171

言説は、人を差別の前で素通りさせる。(遮断するまなざし!)。差別
意識は、ことばをもち、世界をカテゴリー化することなしには生きら
れない人間という種に根源的な意識である」[18]。

　栗原は、政治権力にとっての機能的"有用性"を保持していることと、
差別に対する本質的な議論の埒外化が根強く広がっていることによって差
別はなくならないと論じている。つまり、「差別はなくならない」ことを
前提としながらも、無論そのことを見過ごすのではなく、この差別という
問題に対峙を続けていく姿勢と具体的な実践が求められているのだ。

政治権力によってつくられる「差別」と「排除」

　また、上記のように差別が政治権力によって利用されていることは明白
な事実であると私も受け止めている。昨今でも、政府が、北朝鮮の外交政
策と連動する形で、「高等学校等就学支援金制度」(高校授業料無償化)か
ら朝鮮高等学校を適用除外とした結果、それが在日朝鮮人への差別の助長
に連なったことは記憶に新しい。なおこの事態に対して、国連の人種差別
撤廃委員会は2018年8月に朝鮮学校の生徒を差別しないよう日本政府に
求めたが、政府は応じる姿勢すら示していないのが現状だ[19]。

　また2012年の「生活保護バッシング」騒動では、自民党の片山さつき・
世耕弘成議員ら「生活保護に関するプロジェクトチーム」のメンバーらが
男性タレントの実名を挙げて「不正受給」の疑いがあると非難したこと
や、大阪市(2009年)と函館市(2013年)において、生活保護の不正受

＊18　栗原彬(1996)「差別とまなざし」:栗原彰編『講座差別の社会学2　日本社会の差
　　別構造』弘文堂、P.26
＊19　「(社説)朝鮮学校判決　学びの保障を最優先に」『朝日新聞』2018年10月3日
＊20　中村亮太(2016)「『生活保護バッシング』のレトリック――貧困報道にみる〈家族
　　主義を纏った排除〉現象――」『コア・エシックス12号』立命館大学大学院先端総合学
　　術研究科、PP.261-274。「2012年の『生活保護バッシング』騒動に注目する。この騒動は、
　　2012年4月12日に発売された週刊誌『女性セブン』が「推定年収5000万円」の人気お
　　笑い芸人の母親が生活保護を受給していると匿名報道したことを皮切りに、自民党片山

給の取り締まり強化を図るため専門調査チームを設置し、兵庫県小野市（2013年）が、不正受給に対する通報を義務づける条例を施行させ、寝屋川市（2011年）と枚方市（2013年）では、生活保護受給者の不正を市民に監視させる「生活保護情報ホットライン」を設けることなどによって、生活保護受給者に対する差別を蔓延させてきたこともこれに相当するといえるだろう。[21]

　これらの言動の背景には、生活保護受給者への差別を社会に蔓延させることによって、「保護されている人びと」と「保護されない人びと」との分断化を進捗させ、政治権力のための「社会統合」と生活保護基準引き下げを“円滑に”進めることができるようになることや、生活保護利用者に対する差別が高まれば、彼らが社会サービスを利用する際のスティグマが強化され、結果として利用控えが起こることなどが想定される。このようなことが、栗原のいう政治権力にとって好都合な位置づけとなるのだろう。

　よって、人びとを解放するためには、一つに政治がその責務を果たす必要性があり、ソーシャルワーカーによる政治的アプローチが不可欠である

さつき・世耕弘成議員ら「生活保護に関するプロジェクトチーム」のメンバーらが実名を挙げて「不正受給」の疑いがあると非難したことを契機としている。男性タレントの母親の受給は生活保護法上、不正受給ではなかった。にもかかわらず、扶養は保護の要件であり、あたかも不正受給であるかのような報道がなされたのである」。

＊21　後藤泰良「生活保護、広がる不正のイメージ　収入隠し受給、横行？」『朝日新聞』2013年6月21日「厳しさ増す市民の目」「だが、不正受給への市民の視線は厳しさを増す。『取り締まり強化を』。そんな市民の声を背景に、大阪市は2009年、北海道函館市は今年4月に専門調査チームを作った。不正受給が疑われる情報などを求めるホットライン設置の動きも広がる。兵庫県小野市は今春、通報を義務づける条例を施行した。大阪府枚方市役所近くのビルの一室。警察官OB2人を含む3人が専用回線の電話が鳴るのを待っていた。同市が4月に始めた「生活保護情報ホットライン」。電話は1日1本あるかないかだが、1件の情報から、隠れて働いていないかなどを確認するには1カ月以上かかることもあるそうだ。通報は44件で、3件の不正が判明した。11年8月に始めた近くの寝屋川市では今年3月までに延べ382件の通報があり、不正と判明したのは11件。保護費約2393万円分だった。一方で、109件は生活保護受給者ではないなど対象者ではなかった。「パチンコに行っている」「酒浸りだ」といった、直接は不正とは言えない「通報」も74件を占めた。枚方市でもパチンコや飲酒などの情報が多いという」。

四章　ソーシャルワークの中核に位置する「社会変革」

所以となっている。この差別と政治の関係については、ここでは、原田伴彦と八木晃介の以下の件を引用しておく。

　「それはともかく、人種差別とか民族差別とかいうような不当な人間差別は、誰かがいつとはなしに考えはじめた結果、なんとなくできあがったという性質のものではありません。個人の場合、なんとなく虫が好かない、嫌いであるとか、あるいは本人にもよくわからないまったくいわれのない理由で、他人をみくだすというケースがあるいはあるかもしれませんが、これを民族間の多数の共通感覚にあてはめることはきわめて困難であるように思われます。すなわち民族的差別あるいは人種的差別については、それが発生すべき歴史的社会的な客観的条件、その帰するところは『政治』という問題があるわけです。そして『政治』によってつくられた問題は『政治』によって解決すべきであるし、また解決しなければならないと思うのであります[22]」。

　「白人が黒人を差別するのは、黒人が、肌の色の黒い人種だからではありません。そうではなく、白人が黒人を侵略し、抑圧し、搾取する、その都合上、黒人差別をつくりあげたのです。差別を合理化する上で、黒人の肌の色が黒いという事実が、白人にとってはきわめて都合がよかったわけです。僕の考えでは、ほとんどすべての差別はこのような構造において成立していると思います[23]」。

　一つの示唆としては、私たちソーシャルワーカーの仕事は、やはり社会構造となかんずく政治を掴む視点なくして、「人びと」の権利擁護へ接近することなどできないことが確認できるだろう。
　ただし、ここまでの私の主張は、差別や排除が政治活動によってのみ解

＊22　原田伴彦（1996）『被差別部落の歴史』朝日新聞社、PP.44-45
＊23　八木晃介（1996）『部落差別論　生き方の変革を求めて』批評社、P.273

消するものではないとするものだ。政治活動における留意点は、一章で示した「『従来型』による『社会変革』の陥穽」と符合する。また、これら政治活動の起点には、「排除される側」の人びとの主体形成や「排除される側」の視点を多くの人びとに個別に敷衍していく努力が不可欠であり、このような展開が、政治活動自体から育まれる可能性は決して高くはないだろう。本書では、「このような展開」の中核として、多様な人びとによる「出逢い直し」の実践を提言している。私たちの実践には、政治的展開と共同歩調による個別具体的な人びとの関係構造とアイデンティティの変容に向けた取り組みが求められている。しかし、このいずれもが脆弱であるのが、少なくとも日本のソーシャルワークの実態であるといえるのだ。

その上で、如上の指摘に則って、政治権力や社会構造が、「人びと」への差別を利用していると考えた際、それは何を目的とした利用なのかを私たちは考え抜く必要がある。

新自由主義が「差別」と「排除」を助長する

その結論を導き出す端緒が、敗戦後の経済成長を促進するスローガンとしての「合理化」「近代化」、昨今の新自由主義に基づく「生産性」や「競争力」等にあることは明白である。「生産性」と「競争力」を高めるためには、それらが「ない」とラベリングされがちな高齢者や障害者に対する差別構造は、これらを促進する側にとっては一定の「利用価値」があるのだろう。「合理化」「近代化」についても然り。ここでは、「合理化」「近代化」に対する本質を突いたわかりやすい説明として、現代の子どもたちに読んでもらいたい鎌田慧の『ぼくが世の中に学んだこと』（ちくま文庫）から引用しておく。

「一九六七（昭和四二）年、東京では都電が姿をけしはじめていた。『モータリゼーション』ということばがさかんにもてはやされ、クルマがふえるようになった。道路のまんなかをはしる都電は、ドライバーた

四章　ソーシャルワークの中核に位置する「社会変革」　175

ちの眼にいらだたしいものにうつるようになった。『チンチン電車』の愛称でよばれ、老人や子どもたちにとっての、気楽で安全な、しかも安いこの乗り物は、『ノロノロ電車』とばかにされるようになっていた。都電が風を切ってはしれなくなったのは、自動車工場のベルトコンベアから、一分単位でクルマがはきだされ、それが道にあふれたからなのだが、そのことは忘れられ、道路が混雑するのは、図体の大きな都電が路をふさいでいるからだ、とおもわれたのである。原因と結果が逆転していたのだった。（中略）都電をなくすことにぼくは反対だった。都電は好きだったし、労働者の職場を強引になくすことに賛成できなかった。友だちにそういうと、その考え方は、『古い、近代的でない』と批判された。日本人は、『古い』といわれるとたじろぐ。それほどまでに『近代化』は強引にすすめられてきたのだった。編集の仕事のあいまに、あっちこっちの車庫をまわって、運転手や車掌たちの話をきいて歩いた。『合理化』とか『近代化』がけっしてバラ色のものでない、ということを具体的に知るようになったのは、この取材によってであった。都電撤去は、『都市の近代化』というスローガンによって、急スピードですすめられた。合理的でないものは悪いものだ、という意識がひとびとに根強いのだが、都電のように安全で安い、庶民の足をなくすことはけっして合理的なことではなかった。自己合理化（自分のことを正しいものに主張する）ということばがあるのだが、力の強いひとの理屈が正しいものとされてしまうことに、それは似ていた。運転手たちは、仕事がなくなって『困る』といいながらも、もうすでにあきらめているようだった。彼らも、合理的でない、といわれることをハネ返せなかったからである[24]」。

以上のことから、私は、「差別解消法」において一つの差別として定義

＊24　鎌田慧（1994）『ぼくが世の中に学んだこと』ちくま文庫、PP.93-95

されている「合理的配慮の不提供」という言い回しの「合理的」という言葉にも違和感を抱いてしまう。なぜならば、社会の基盤的構造を鑑みれば、この「合理的」か否かの判断には、政府・自治体・事業者側の主張が色濃く反映される可能性が極めて高くなるからだ。

　さて、障害者・高齢者等への差別は何を目的に利用され続けてきたのだろうか。恐らく、政治権力による「社会的統合」に加え、経済至上主義の下、効率性と生産性を第一義とした政策方針によって、これらの差別は利用され、そして助長されてきたのだろう。

　であるならば、「人びと」の権利擁護を標榜し、その実践を担うソーシャルワーカーは、この経済至上主義のもとにある社会構造に対峙する覚悟を持たねばなるまい。この社会構造に対する正対と、その改善を求める実践を停滞させておいて、これらの差別解放はもとより、すべての人びとの権利擁護への接近などなされるはずがない。そして、少なくとも、人間の暮らしや社会福祉にかかる領域では、経済分野で用いられ、その手垢の付いた斯くなる「合理的」なる言葉は用いないでもらいたいというのが率直な私の所懐である。

　本項では、「差別」と「排除」が、政治権力によって利用されてきたことに一定の確認ができたと思う。そして、これらを減退させていくためには、政治的アプローチが不可欠であることも示してきた。しかし、それでも、やはり「差別」と「排除」が現下の社会から消えて無くなることはないのだと思う。またしても八木の論文から引いておく。

　　「分子生物学者・柴谷篤弘氏（元京都精華大学学長）は、『差別の構造は、われわれの脳の中につくりつけになっており、機会あるたびに具現化してわれわれの差別的な言動を生成すると考えられる』と断定しました（『科学批判から差別批判へ』明石書店、1991年、137頁）。（中略）思想史家、松本健一氏（麗澤大学教授）は、次のように記述していました。『共同体成員がアイデンティティをもっているということ

は、対内的に同一シンボルをもたなければならないと同時に、対外的に排除するところをもたなければならないということが組織のベクトルとしてはある』（『共同体の論理』、第三文明社、1978 年、253 頁）[25]」。

「差別」や「排除」は無くならないが、そこに立ち向かう姿勢が不可欠

仲良しグループは、そのグループ外の人びとを排除することに依拠して形成される。この事実に照らしても、やはり私たちは絶えず誰かを排除し続けなければ、その社会的活動が困難となる生き物なのかも知れない。

しかし、同じ社会に属する誰かが排他・排斥されている社会を共に形成しておきながら、その変革が困難であるから仕方がないと居直るつもりは私にはない。前述したようにゲオルク＝ジンメルの言うところの「排除されていない者は（排除する側に）包括されている」（括弧内は中島）に則れば、同じ社会の構成員として、その社会で誰かが排除されていることを諦観することは、まさしく、「排除する側」への加担を意味するからだ。「排除する側」からの脱却を諦めない為にも、ソーシャルワーカーには、この困難を傍観することなく、相対を続ける姿勢と具体的行動が求められている。

前述の「脳の中につくりつけ」になった差別について、八木の引用の中で登場した柴谷篤弘も次のことを述懐している。

　　「差別が人間の脳内における生得的な作り付けであることを認めつつ、同時に、人間の脳内には反差別にむかうための排反的な構造（反差別性）も生得的に作り付けられている[26]」。

そして、この点八木自身も以下の様に述べている。

　　「すなわち、差別が不可避的な関係構造であることが問題なのかど

＊ 25　八木晃介（前掲＊ 16）P.40
＊ 26　八木晃介（1994）『部落差別のソシオロジー』批評社、P.234

うかではなく、焦点は、差別という関係構造への私たちの立ち向かい方にあるというべきなのです[27]」。

「解放とは、達成された未来の『理想状態』なのではなく、それをもとめて悪戦苦闘をつづける『いま・ここ』のプロセスの中にこそありうるという点だ[28]」。

　差別や排除に対する明確な意思表示と姿勢が根底になければ、人びとの解放を促進することはできないだろう。加えて、諦観や等閑ではなく、決して明示的でなくとも、戦略的でかつ綿密な多岐に渡る方法によって、その抵抗を継続していくことが一義的に求められている。

差別解消から差別解放へ
――「人々のエンパワメントと解放」における「解放」の意味――

　そして、「差別解消法」にも明記されているように、差別を捉える際に、果たしてそれを「解消」するという理論で良いのかという点は検討するに値する。前述の通り、差別そのものが無くなることはないということを前提に考えれば、この「解消」するという理論は、消えて無くなるという意味よりは、消えて無くなった様にわからなくしてしまうという意味に繋がる恐れがあり、差別を潜在化・埋没化させる方向に人びとのアイデンティティを誘導する陥穽を内含しているといえるからだ。この様に考えれば、ここでいう「解消」という言葉は、現実的には、「消えて無くなる」から転じて、差別そのものと差別の対象を「わからなくする」「みえなくする」という意味と整合することになるだろう。斯くして、「差別解消」は、差別という問題の本質を、曖昧模糊なるものへと装飾し隠蔽させることに"成功"を収めることになる。

　また、多様性の尊重を促進していくべき現下の社会にあって、この「解消」

＊27　八木晃介（前掲＊16）P.62
＊28　八木晃介（前掲＊26）P.26

という問題解決の方法はその流れに逆行しているように思われる。なぜならば、「消えて無くなる」様に「わからなくする」「みえなくする」ためには、これら「人びと」とその困難を一定の基準に当てはめる必要があるからだ。存在が「消えた」ように「わからなくなる」「みえなくなる」ということは、その「人びと」と困難が何かと同化・融合することと強い結びつきがあると私は捉えている。まさに、多様性を尊重する社会ではなく、画一化を容認する社会へ凋落する危険を孕んでいるのだ。再び、八木の主張を引用する。

　　「この国の部落解放運動は、（中略）伝統的に〈同化〉モデルに対しては消極的であり、むしろ、多くの場合、それは解放の主体形成を阻害する融和主義であるとして拒否してきたと一応はいえる。（中略）要するに、部落解放運動は水平社以来、ともかく〈同化〉を拒否して少数者としての自立をめざし、近代的市民としての解消に対して否定的なスタンスを保ってきたことになり、その意味では、どちらかといえば〈文化的多元主義〉モデルに近い理想をもっていたことになるだろう[29]」。

　このような部落差別にかかる運動の多くが、一部を除いて、「解消」ではなく「解放」という基本的視座を取ってきた理由には、これまでの指摘が内含されている。
　そして、このことは、「人びと」に対する差別においても同様の留意をしておく必要があると思う。これらの「差別が消えて無くなる様に分からなくする」ということは、その「解消」の方途が、「人びと」以外の人たちの論理を中核に置いて展開されていくことを容認することになるからだ。殊に、多数派の理論が普遍化した形で、社会の「常識」や「公理」、「普通」が成り立っていることを顧みれば、「人びと」以外の人たちの論理からみて、

＊29　八木晃介（1996）「部落問題の社会学」（前掲＊18）PP.73-74

つまり、その「常識」や「普通」に則って、「人びと」の論理が、「消えて」「なくなる」ように抑制化・隠蔽化、即ち、同化させられていくという事態に陥ることは疑いの余地がない。

　以上のことからも、「ソーシャルワーク（専門職）のグローバル定義」における「人々のエンパワメントと解放」における「解放」には、本質的問題を曖昧化・埋没化させる「解消」とは別の意味が装置されていることを意識に留めておく必要があるだろう。それが「解放」を志向している以上、ソーシャルワーカーには、隠蔽化された問題を翻って暴露し、「人びと」の主体的な解放を支持していくことが求められているということだ。

　これまでは、社会学や差別論の研究者の視座から「人々の解放」を捉えてきたが、この「解消」ではなく「解放」の観点は、社会福祉の領域においても、例えば、障害の社会モデルなどで提示されてきたことでもある。河口尚子は、ICF（International Classification of Functioning, Disability and Health：国際生活機能分類）が、「人びと」と社会環境の接点に介入し、バリアフリーによって「できるようになる」＝同化という視点はあっても、社会によって否定的価値を付与された「できない身体」「異なる身体」に対する根源的分析やその独自性を尊重する＝「異化」の視点は含意されていないと判じている。また、障害の社会モデルは、「同化」と「異化」の双方を併せ持つ社会統合を志向するものであるとする。[*30]

　であるならば、社会モデルには、「障害者の論理」を「健常者の論理」に当てはめて同化をさせることではなく、むしろ、「障害者の論理」のもとで、差別や排除からの解放を展開していくことが求められていることになる。それは、障害者の健常者に対する同化を志向するものでは断じてなく、翻って、その差異を強調することへと逢着するものとなるはずだ。斯くして、それぞれの差異が尊重される社会、即ち「多様性尊重」に根差し

＊30　河口尚子「解題：障害学にもとづくソーシャルワーク」：マイケル＝オリバー、ボブ＝サーペイ（2010）『障害学にもとづくソーシャルワーク　障害の社会モデル』（野中猛監訳、河口尚子訳）金剛出版、P.225

た社会が形成されていくのである。

「差別解消」は、「出自」を知り、語る権利を侵害する

かてて加えて、「差別解消」が、即ち、差別が「消えた」ように「わからなくなる」「みえなくなる」ことが、人間のエンパワメントに直結しないことを証明しなければなるまい。そこで参考になるものとして、「出自」という概念がある。

日本ソーシャルワーカー連盟が、制定・承認している「ソーシャルワーカーの倫理綱領」における「価値と原則」のなかに「人間の尊厳」の項目があり、以下のように記されている。

> 「ソーシャルワーカーは、すべての人間を、出自、人種、性別、年齢、身体的精神的状況、宗教的文化的背景、社会的地位、経済状況等の違いにかかわらず、かけがえのない存在として尊重する」。

これらを端的にまとめれば、すべての人間には、政治的・外圧的に範疇化されることなく、世界中どのような状況下にあってもその尊厳が保障されるべきだと言い換えることができるだろう。

ここに「出自」という言葉が登場する。宮嶋淳によれば、「出自とは、Roots（ルーツ）あるいは Origin（オリジン）＝起源あるいは根源を語源とする」ものであり、「『出自』社会とは、自らの生まれ（起源）を大切にする、あるいは関心を向ける社会という意味になる」としている。そして、これらのことに照らして、「ソーシャル・インクルージョン」を次のように位置づけてもいる。

> 「すべての人がどのような『生まれ』（＝門地や出自、民族に関わる）であっても、どのような『生まれ方』（＝シングルマザーや生殖医療、多胎に関わる）をし、どこに住むことを選択したとしても、社会から

排除されず、社会の一員として、自分らしく生きていくことができる権利を支える理念」[31]。

　これを逆説的に検討したならば、「出自」によって差別・排除を受けない社会とは、本人が「出自」を知り、他者に語ることが自由にできる社会であるといえる。この観点から、先程来の「差別解消」における議論を振り返れば、差別そのものと差別の対象が「わからなくなる」ことや「みえなくなる」ことをもって、社会的包摂や「人々のエンパワメントと解放」がなされたことにはならないことがわかるだろう。

　つまり、たとえその差別が明確に顕在化されていなくても、その水面下で、差別や排除を恐れて、「出自」を自由に知ることや語ることができない人びとがいれば、その差別は、むしろ、根深く存在しているといえるからだ。この意味において、部落差別では、その対象とされている「部落の人」は誰のことを指すのかについて、今や地域・職業・貧困などによって説明が難しい状況があるにもかかわらず、「部落の人」がどこでどのように暮らしていても、差別や排除を回避するために、その「出自」を自由に知り、語ることができなければ、そこには確然たる差別が存在していると断定することができる。

　繰り返しを厭わずに言えば、ソーシャルワーカーの仕事は、差別や排除を装飾し隠蔽する構造に対して、異議を申し立て、それらをむしろ可視化させ、「人びと」の個別性に準拠した主体性と社会的活動・役割の確立を促進していくことが求められている。間違っても、これら潜在化した差別や排除の根源的構造について、問題を矮小化させることや、黙殺することになど加担してはならない。私たちが目指すものは、「差別解放」であって「差別解消」ではないからだ。

　以上みてきたように、社会から排除や差別がなくならないことを前提に

＊31　宮嶋淳（2017）『生殖医療と脱「出自」社会』ヘルス・システム研究所、P.169

考えれば、「差別解消」は、差別と差別の対象者が消えてなくなったかのように、差別の存在を隠蔽化させていくことに焦点を定めていることがわかるだろう。「出自」を知り、語る権利の観点から鑑みても、この差別を「わからなく」したり、「みえなくする」ことは、決して、人間の権利擁護に結合しないばかりか、却って、社会のより深層部に歴然とした差別構造を保持させるという禍根を残すことになる。いや、それ自体が差別を創出しているとさえ言えるだろう。

　そもそも、「障害者差別解消法」で表明されている「差別解消」は、その名の通り、障害者以外の人びとによる論理で、障害者差別を論じ、働きかける傾斜を備えており、ソーシャルワーカーの目指すべき展開とは逆の方向へと導かれていく可能性がある。これは、障害者権利条約における障害者とそれ以外の者との「均衡」の有無を持って差別を判断することや、「障害者差別解消法」の、「障害者でない者との対比」においてこの差別を判定しようとする姿勢をみても明らかである。繰り返しにはなるが、健常者の価値規範に障害者を当てはめて差別を「解消」させるのではなく、障害者の論理を社会に「解放」し、社会を変革していく活動や運動を敷衍することこそが求められていることを強調しておく。

　そのうえで、八木が切望しているように、私たちは人びとの解放を諦観するわけにはいかない。よって、そこからの完全なる解放はできないにせよ、解放のための実践を継続することにこそ意義があり、逆に、それがなされていなければ、ソーシャルワーカーの「社会変革」は画餅に帰すことになるだろう。

　　　「『差別本性論』によって、我々の一人ひとりがいつでも差別する可能性をもつ存在であることを認識するのは正しいが、だからといって、我々の差別性は運命的に不動のものだと思い定めることは誤っている。我々は、ただただ差別する心性を一面的に活性化するべく運命づけられているのではなく、我々の社会関係の変動や意識性の変革をつうじ

て、反差別性をもって差別性に取って変えうる『人間的自由』をも保有しているのである。また、こうした発想は、よしんば差別をなくすことができなくとも、我々は少なくとも差別とたたかうことはできるという、新たな反差別の地平を切り開いてくれるに違いない」[32]。

●すべてのソーシャルワーカーが免れ得ない「社会変革の対象」

地域社会環境へ焦点を定める

　そして、本書の主題でもある「社会変革」についてだが、実は、ソーシャルワークにおける国際会議での議論をみても、「社会変革」の重要性についての訴えは多く見られるが、「社会変革」の実態自体が明らかにされていないように思われる。2005年6月高松市で開催された日本社会福祉士会全国大会の基調講演において、ラジェンドラン＝ムースによる以下の発言にもあるように、ソーシャルワークが「社会変革」の対象として捉えるべき社会は、「人びと」の外部に存在するミクロ（個人）・メゾ（地域）・マクロ（国家）それぞれの領域における変革を指すことがわかる。

　　　「ソーシャルワーカーの目標はソーシャルチェンジを行う事。ソーシャルチェンジとは、個人・グループ・地域社会の変化を行う事。ソーシャルワークとは、変化を行う道具である」[33]。

　因みに、ムースは、こうも付言している。「その意味において日本に本物のソーシャルワーカーはいない」。

＊32　八木晃介（前掲＊26）P.234
＊33　ラジェンドラン＝ムース「アジアにおける日本のソーシャルワーカーの役割」第13回日本社会福祉士会全国大会・社会福祉士学会　記念講演　2005年6月4日（土）サンポート高松

四章　ソーシャルワークの中核に位置する「社会変革」　　185

確かに、各地で展開されているソーシャルワークを顧みれば、マクロ領域の変容を促進することは容易であるとは言い難い。では、ムースのいう、個人・集団・地域における変革を積極的に促進しているソーシャルワーカーはいかほど存在するのであろうか。もし、この領域における変革の促進さえ等閑であるというならば、そこにかかわる人たちは、少なくとも、ソーシャルワーカーと名乗るべきではない。

　しかしながら、「人びと」のニーズが、家族・地域住民・専門職等によって度外視されている状況に対して、「人びと」を「保護する」観点からのみならず、「人びと」のニーズを実現するために、これらの当事者・関係者間に相互学習と相互理解を促し、実際にそのような関係構造の変容を積極的に展開しているソーシャルワーカーは思いのほか少ないと私は認識している。私たちの経験において、連携を図ってきたソーシャルワーカー・ケアマネジャーの多くは、「人びと」のニーズよりも、むしろ、家族や地域住民の困りごとを解決することに執着していたし、「人びと」に対しては、翻って、希望を諦観させるような働きかけを行っていた。また彼らの多くが、重大な自傷他害とは明らかに無縁な衛生面や危険性を理由に、「人びと」のニーズと向き合うことはなかった。[34] 上記は私の経験に基づく見解ではあるが、少なくとも、「人びと」の外部にある社会資源の変革や「人びと」・地域住民間の関係構造の変容といった地域包摂・地域変革の領域の研究や実践の報告がほとんどなされていないことは周知の事実である。[35] グリーンソーシャルワークを提唱するレナ＝ドミネリも環境への働きかけの脆弱化した現代のソーシャルワークについて以下のように論及している。

＊34　中島康晴（2017）『地域包括ケアから社会変革への道程【実践編】　ソーシャルワーカーによるソーシャルアクションの実践形態』批評社

＊35　阿部志郎・岡村重夫はこのことの重要性を指摘していたが、その方法を明らかにはしていない。

「ソーシャルワーカーの仕事は支援が必要なものをサポートすることである。しかし、ソーシャルワーカーたちが、ミクロレベルの実践からの学びを活かして社会政策を発展させることや、また他の専門職が役割を専有しようとしている時に自分たちの専門性を主張し、マクロレベルの課題に取り組むことは滅多にない。幅広い責任を負っている職業でありながら、ソーシャルワーカーたちは、ローカルコミュニティにおいてもそして世界的レベルでも、人々のウェルビーイングに有害な影響をもたらす環境災害についての協議において、大きな役割を果たせてこなかった[36]」。

　ここで、なぜ敢えて執拗にメゾ領域の変革の重要性を説くのかといえば、マクロ領域の変容がすべてのソーシャルワーカーにとっては困難であることは一定の理解ができるが、本書のいうメゾ領域の変革ができないとなれば、それはソーシャルワーカーの死活に直結する問題となるからだ。この領域の変革を促進できなければ、政府の謳う「地域共生社会」においても、私たちが真の共生を志向する場面においても、ソーシャルワーカーは不要となってしまう。

　そもそも、「個人」を「国家」との関係で捉えることは難しい。またそれを試みたところで、そこにある問題を短期的・現実的に低減させることも容易にままならない。ところが、「個人」を「地域」との関係でみてみると、地域変革の具体的な方策は、より顕在化して捉えることができるようになる。つまり、「個人」と「地域」の関係で問題を捉えたほうが、「社会変革」は、より手の届きやすいところに創出されることになる。もちろん、「地域」は社会の一部でしかない。しかし、ここでいう「国家」もそれについては同様のことがいえるであろう。ここでの私の主張には、「個人」と「国家」の間に、もう一つの社会としての「地域」を挿入し、位置づけ

＊36　レナ=ドミネリ（2017）『グリーンソーシャルワークとは何か　環境正義と共生社会実現』（上野谷加代子、所めぐみ監訳）ミネルヴァ書房、P.2

ることによって社会変革の伸展を図るという狙いがある。

「人びと」とソーシャルワーカーを取り巻く社会関係

　このことをソーシャルワークにおける具体的なあり方から少し検討しておきたい。図4-1は不登校にある「児童」（Ⓐ）に対するソーシャルワーカーの関わりを示したものである。このソーシャルワーカーは、現在学校に配置されている社会福

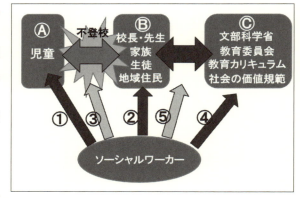

図 4-1 学校におけるソーシャルワーカーの対象

祉士などの「スクールソーシャルワーカー」の形象と一致する。そこで、ソーシャルワーカーは、当然ながら「児童」（Ⓐ）との対話を重視し、気付きを促す質問や助言を提供し、彼との親密度と信頼度の高い関係を構築しつつ、彼が問題と対峙できるよう後押しを行うことになる（①）。もちろん、時には、本人に対して、彼を保護することや、ストレス耐性・コミュニケーション技術を高めること、動機づけを促すなどの働きかけも必要となるだろう。もし、ソーシャルワーカーのかかわりがここで終始した場合、その支援者のことを私たちは「ソーシャルワーカー」と呼ぶことはできない。いうなれば、それは、カウンセラー等の心理分野か精神医療等の医療領域の従事者となろう。

　ソーシャルワーカーは、その活動にとどまらず、次に、「児童」（Ⓐ）が直接多大な影響を所与している社会環境に着目し、「児童」（Ⓐ）の背景にある問題を把握し、その変容に向けた働きかけを展開する（②）。学校の校長、クラスの担任教諭のそれぞれの運営方針に排除を生み出す要因が含

意されていないか。他の生徒の本人に対するかかわりは如何なるものであるのか。家族は「児童」をどのように受け止めているのか。地域住民は、この問題をどれほど把握しているのか。などを踏まえ、不登校の要因の一部となっている人びとや集団（Ⓑ）への変化を促進していく（②）。

その際、次の点に強く留意しておかなければならない。つまり、それは、「不登校」を喪失させることが、ソーシャルワークの目的ではないということにある。それどころか、「児童」（Ⓐ）にとって、「不登校」である方が本人の権利がより擁護されるのであれば、むしろ、積極的に「不登校」に向けた支援を展開することさえあり得るだろう。私たちの仕事は、「社会的コントロール」と「社会的ケア」の均衡をとることにあると旧来から言われてきてはいるが、ソーシャルワーカーは、むしろ、「社会的ケア」の方をより重視する必要があるため、「社会問題」の「解消」よりも、「人びと」の権利擁護に照準を合わせた展開が第一義として求められるためだ。

また、Ⓑにおける構造が、本人を排除している場合、そこに影響を及ぼしている基盤はⒸにも認められることになる。つまり、学校の教諭は、文部科学省が定める教育カリキュラムや教育委員会の方針に基づいて組織を運営しているのであって、前述した「優位的な価値規範」（学校への通学を絶対視する価値など）に漬かりながらⒷは活動を行っていることになる。よって、Ⓑに内含する問題を緩和させるためには、④の展開も不可欠となることがわかるだろう。

最後に、「児童」（Ⓐ）と直接的関係にあるⒷとの関係構造の変容に対する介入としての③は、実践の成果の鍵を握るソーシャルワークの面目躍如たる実践領域であるといえる。さらに言えば、本書が指す「出逢い直し」は、まさにこの実践を通してなされていくものでもある。この展開によって、度外視・無理解・疑懼・排除の関係を、対話・理解・慮り・包摂の関係へと変化を促していくのだ。加えて、ⒷとⒸの関係にも働きかけが求められるだろう（⑤）。社会の進展のためには、地域ごとの実践を後押しするために政策を活用することや、地域変革の堆積を政策へと反映させるこ

四章　ソーシャルワークの中核に位置する「社会変革」　189

とを促進していく必要があるからだ。

　ここまでの叙述は、時系列を意図した説明ではなく、ソーシャルワーク実践を構成する各要素について説明してきたに過ぎない。当然のことながら、これらの要素に対しては、「人びと」とその状況に応じて、介入する順序や頻度、力点の置き方が変遷することには留意が必要である。

　かつて、岡村重夫は、「人びと」と制度の関係を「社会関係」と位置付けていた。[37] しかし、旧来から「人びと」と結ばれるべき社会関係とは、制度や政策によるものだけではなかったはずだ。図4-1における⑧は、説明を助けるために単純化したごく一部の項目ではあるが、岡村のいう「社会関係」とは異なる関係の存在を顕現させている。このような実に多様な社会関係が複雑に絡み合う状況下に、私たちの暮らしは形成されているのである。岡村の「社会関係」論は、このような多様な人びと同士の関係を捨象するとともに、制度・政策と個人の関係へと収斂するあまり、多様な関係構造の変容や「社会変革」をむしろ困難なものへと誘導しているように思えてならない。

　図4-1で確認しておきたかったことは、社会環境の重層性とその繋がり方にある。社会変革というときに、「社会」の実体を漠然とさせた展開などありえない。特に、実践領域においては、変えるべき対象を明確化させ、実践組織内における共通理解を図る必要がある。その際、すべてのソーシャルワーカーが働きかけるべき「社会」は⑧であるということだ。なぜならば、人びとのエンパワメントと解放を考える際、直接的にも継続的にも多大な影響を及ぼしている社会環境が⑧だからである。

　もちろん、ソーシャルワークには、ミクロ・メゾ・マクロを一体的に捉えることが求められているだけに、⑥が、⑧・⑧に与える影響を押さえておく必要はある。しかし、全国に約30万人いるといわれているソーシャルワーカーすべてが、⑥に収斂した積極的な展開を進めていくことは決し

＊37　岡村重夫（1983）『社会福祉原論』全国社会福祉協議会

て容易ではないだろう。*38 ©に焦点化した実践を行うためには、一定規模の地域全域や全国的・世界的範疇に影響を与え得る役割や職務が存在しなければならないが、そのような立場として想定できるのは、政治・言論界に多大な影響力のあるソーシャルワーカーや自治体・全国・世界領域にある専門職団体・社会福祉経営者団体・各種施設事業者団体等の従事者ぐらいではなかろうか。しかも、このような立場にあるソーシャルワーカーは、少なくとも日本においては稀有な存在である。よって、主たる変革対象として、©に積極的に働きかけるソーシャルワーカーは限定的であると言わざるを得ない。

　しかし、岡村重夫の「社会関係」論や髙良麻子の指摘する「闘争モデル」などをみてもわかるように、「従来型」の「社会変革」やソーシャルアクションの領域では④が重要視されてきた経緯がある。これでは、日本に、いや、世界においても「社会変革」は進展をみないであろう。繰り返しにはなるが、私は、©における「社会変革」を軽視しているのではない。そうではなく、実践の困難な©の変革だけを「社会変革」として捉えることを問題視しているのである。®の変革も当然に「社会変革」であるし、それはすべてのソーシャルワーカーに対して、結果を残すことが義務付けられている仕事なのである。そして、ソーシャルワークの歴史において、この®の変革のための方途も明らかにされていない。よって、私の主張は、©の変革への重要性を認識しつつも、すべてのソーシャルワーカーが担うべき®の変容が「社会変革」の一つの形態であることを明確に位置づけ、その方法を明らかにしようというものである。

　本書の捉えるソーシャルワークと「社会変革」

　以上のことから、二章から論及してきた人間の尊厳を毀損する二つの要

＊38　ここでは、社会福祉士 225,974 名・精神保健福祉士 82,378 名を対象としている。合算すれば、308,352 名だが、一定の重複者が存在するため約 30 万人と表記した。「社会福祉士・介護福祉士・精神保健福祉士の都道府県別登録者数」（2018 年 6 月末日）公益財団法人社会福祉振興・試験センター

素が、社会変革を促進させるための理念型の分別であることが改めて理解されるだろう。

> Ⅰ人びとの社会的権利を保障する社会保障を中心とした（雇用・労働・教育・住宅・文化・芸術・自然環境保全・防災などを含む）制度・政策の減退。
> Ⅱ人びとの互酬性と多様性、信頼の関係の稀釈。

Ⅰが©に関連する領域であり、Ⅱこそが®に直結する項目となる。本書が、Ⅱに関する書であると主張してきたのはそのためだ。

以上の事柄を踏まえ、私はソーシャルワークを以下のように定義することにしている。以下の①から⑤は、先の図4-1と以下に示す図4-2のそれと連動したものである。

> ソーシャルワークは、社会正義と権利擁護を価値基盤とし、次の5つの仕事を通して、すべての人間の尊厳が保障された社会環境の創出を促進する専門性の総体をいう。
> ①暮らしに困難のある人びとに直接支援を行うこと、
> ②人びとが暮らしやすい地域社会環境を構築するよう社会的活動（ソーシャルアクション）を行うこと、
> ③人びとのニーズを中心に、人びとと地域社会環境との関係を調整すること、
> ④政策（政府・行政）及び人びとを排除する優位的価値規範（支配的な思想）に対し、人びとのニーズを代弁した社会的活動（ソーシャルアクション）を行うこと、
> ⑤人びとのニーズを中心に、②の地域社会環境と、④の政策（政府・

行政）及び「優位的価値規範」における構造との関係を調整すること（図4-2）。

一点重大な補足が必要となる。それは、本来であれば、図4-2でいうところの「人びと」と「ソーシャルワーカー」も「社会環境」の内部に存在するはずだ、という至極当たり前の指摘から生まれる。こ

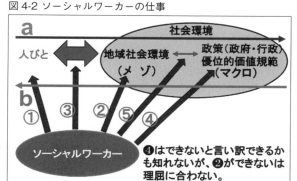

図4-2 ソーシャルワーカーの仕事

の時点で、図4-2は理論的な瑕疵が内含されていることになるが、この図自体は、社会変革を促進するソーシャルワークの役割を検討することを目的としているため、そこでは、ソーシャルワークの動きを単純に可視化する必要があり、敢えて、現実とは異なる図式となっていることを先に披瀝しておきたい。

そのことを前提に説明を続ける。まず、②と④、⑤は、ケアワークや医療、心理の領域では原則としてその実践が規定されていない。ここに、対人援助職におけるソーシャルワークの卓越性と潜在力を確認しておきたい。また、「地域包括ケア」を個別支援たるケアと地域支援としてのまちづくりの有機的複合概念として捉える限り、この3つの視点（②④⑤）を避けておれば、「地域包括ケア」は進展しないため、従来のケアワーク・医療・心理分野の専門性だけでは、「地域包括ケア」が遂行されないことも確認できるであろう。そして、「地域包括ケア」やソーシャルワークの実践領域では加えて③が重要となる。地域で暮らす多様な人びと同士の接点（対話やかかわり）の機会を数多創出することこそが、地域社会に、多様性と互酬性、人びととの信頼関係を構築し、地域包摂や地域変革を推進する原動

四章　ソーシャルワークの中核に位置する「社会変革」　｜　193

力となり得るからだ。もちろん、地域変革の集合は、社会変革へと連なっていく。この③の実践の積みかさねが、①に与える効果はもちろん、②の実効性ある展開へと繋がり、⑤への着目と実践を誘導し、④の活動へと敷衍されていくという一連の流れがあることは踏まえておきたい。

　この定義の特徴は、社会環境への働きかけを②と④に分別しているところにある。これは、先述の「人間の尊厳を毀損する二つの要素」にあるⅠとⅡに対応している。つまり、Ⅰの領域への働きかけが④であり、Ⅱへは②の実践がそれに該当するという具合にだ。

　実は、1950年から1960年代を中心とした旧来からの「社会変革」は、④に焦点化されたものが専らであった。前にも述べたように、髙良麻子は、「ソーシャルアクションには主に闘争モデルと協働モデルの2つのモデルがあると考えられる」とし、そのうち「闘争モデル」を「『支配と被支配』や『搾取と被搾取』といった対立構造に注目し、それによる不利益や被害等を署名、デモ、陳情、請願、訴訟などで訴え、世論を喚起しながら、集団圧力によって立法的および行政的措置等をとらせるものである」と説明している。加えて、この「闘争モデル」は、「社会問題が激増し、社会運動が活発であった1950〜1960年代の社会福祉運動を中心として確認できるとともに、比較的近年のハンセン病患者による運動や障害者自立支援法反対運動等でも見られる」する。[39] そして、このような「従来型」の「社会変革」を④の展開に近似性のあるものとして私は捉えている。

　しかし、前項でも論じた通り、全国に約30万人いると推測されるソーシャルワーカーのすべてが④に照準化した展開を進めることは、この実践の担い手たる位置や職務が確立していないばかりか、約98%が社会福祉関連法に基づく事業を運営する組織の被雇用者である実態を鑑みても決して容易ではないだろう。[40] であればこそ、実態としても、④を主たる職務

＊39　髙良麻子（2017）『日本におけるソーシャルアクションの実践モデル　「制度からの排除」への対処』中央法規、P.184

＊40　「社会福祉士・介護福祉士就労状況調査結果の実施概要」「精神保健福祉士就労状況

として、それを積極的に仕掛けているソーシャルワーカーは、ほんの一握りの存在に留まっている。

　もちろん、私は②と④を分断化して捉えているのではない。ソーシャルワークとは、①から⑤までのすべての事項を押さえつつ、その時々に「標的」となる対象を変遷させていくものである。その上で、④だけを「社会変革」の対象として強調していけば、逆に、多くのソーシャルワーカーにとって、「社会変革」が手の届かない場所に固定化されてしまう恐れがあることを危惧しているのだ。そして、④の展開を促進させることのできないソーシャルワーカーを一方的に批難することは、上記の現状認識において、それが適切な行為であるとは言えないだろう。よって、多くのソーシャルワーカーにとっては、④の実践ができないことに一定の"言い訳"が許されることになる。

　しかし、②の実践に対してはどうだろう。仮に、④が困難であることは認められたとしても、②の展開も御座なりになっているとするならば、その人のことを私たちはソーシャルワーカーと呼べるだろうか。本書が主張していることは、まさにこの点にある。つまり、②は、すべてのソーシャルワーカーが、避けては通れない実践であり、「社会変革の領域」に当たるということだ。

　「人びと」にとって、日常的で長期的な影響を直接及ぼし続ける「地域社会環境」への働きかけを等閑に付しておいて、私たちは、どのようにして「人びと」の権利擁護へ接近しようというのだろうか。このことからも、②の展開は、すべてのソーシャルワーカーにとって、実践できないことの"言い訳"が「封印」された領域であり、その働きかけのみならず、具体的な変革の結果が強く求められる実践といえる。そして、ここでの私の主

調査結果の実施概要」2015年2月　公益財団法人社会福祉振興・試験センター　社会福祉士の「経営者」は2.1%であり、「施設長・管理者」が13.3%、「その他」「無回答」が12.1%であった。精神保健福祉士においても、「経営者」は1.9%であり、「施設長・管理者」が12.2%、「その他」「無回答」が16.8%であった。社会福祉士・精神保健福祉士ともに、雇用者としては、「経営者」と「施設長・管理者」の一部が含意されていると思われる。

四章　ソーシャルワークの中核に位置する「社会変革」

張は、着手の困難な④に対してではなく、④よりは接近が簡便であり、すべてのソーシャルワーカーが免れ得ない②の実践を伸展させていくことによって、「社会変革」をソーシャルワークの手に取り戻そうというものである。

　しかし、この②の変革に向けた実践の方途でさえも未だ明らかとはなっていない。そこで、前述の通り、階層間を超えた多様な人びとによる「出逢い直し」を地域で創出することの重要性が浮上してくる。立場の異なる他者への相互理解・学習を促進し、地域において、信頼性・互酬性・多様性に裏打ちされた人びとの関係を構築していく展開を②及び③における一つの方途として位置づけることができるからだ。まさに、「人びと」の暮らしの困難を地域に「ひらいて」、その困難を分かち合うことで、相互理解を進展させていくのである。このような、多様な人びとによる「出逢い直し」の相互理解は、まさに「分かち合い」の社会へと逢着するのみならず、ソーシャルワークにおける「社会変革」の駆動力ともなり得るのである。

　そして、私たちの社会では、マクロ⇒メゾ⇒ミクロの順に強い影響力が伝播している実態がある（b）。政府が措定した「地域包括ケア」「地域共生社会」「地方創生」が、地方に「下ろされ」各地域に敷衍し、それが人びとの暮らしに作用するという具合にだ。しかし、「社会変革の促進」を鑑みれば、私たちは、その反対の流れ、ミクロ⇒メゾ⇒マクロへと効果を及ぼす趨勢を、これが脆弱であるからこそ、より積極的に形成していく必要がある。つまり、「人びと」の権利擁護の展開を通して、地域社会を変容し、その堆積の先に自治体・政府を揺るがす働きかけを展開するという潮流の創出である（a）。

　もちろん、日本の社会福祉の進展には、（a）と（b）双方の働きかけが重要となる。しかし、後の七章で紹介する阿部志郎の主張にあるように、日本においては（a）の関与が減退しているがゆえに、（a）に対する展開をより強調して促していく必要がある。なぜならば、政府に関係する一部の限られた人びとのみによる議論によって創出された制度・政策の精度に

は、否が応でも経験や創造力が不足してしまうため、そこにおのずと限界が生じてくるからだ。このため、制度・政策をより有効に機能させるためには、この制度・政策を津々浦々において「利用・活用する側」の知見をそこに反映させていく必要がある。従って、(a) の展開そのものが、制度・政策をより人間味あるものに修正していく、一つの「社会変革」として捉えることができるだろう。

●ソーシャルワークを伸張させるための政策

ソーシャルワーカーによる「出逢い直し」を促進するために必要な政策

ここでは、上記の展開を志向するソーシャルワークを普及させるために必要とされる政策について若干論じておきたい。先述したように、ほとんどのソーシャルワーカーは、社会福祉関連法の枠組みの中で仕事をしている。そして、その制度に基づいた事業を運営する組織に雇われている。

制度に依拠した組織に所属しながらも、地域包摂・地域変革の展開をソーシャルワーカーが引き受けるためには、以下の点における政策的改良が不可欠となる。

最も重要なことは、それらの組織におけるソーシャルワークの普及である。ソーシャルワーカーの実践力を高めるためには、前出の「獲得としての学習」(学校型・知識供与型の学習) だけでは不十分であることが明らかであり、「参加としての学習」として OJT (On the Job Training) による展開が求められる。その為には、組織の内部における指導者の育成・配置及び OJT 体制の担保がなされていなければならない。ここには当然、ソーシャルワーカーの養成・教育団体と専門職団体によるスーパービジョン等の関与が想定されるが、第一義的責任としてはソーシャルワーカーを雇用する組織が負うことになる。

ここでは、上記のことを促進するために必要な政策的観点を 4 点ほど挙

四章　ソーシャルワークの中核に位置する「社会変革」　｜　197

げておく。

　一つは、ソーシャルワーカーの配置の拡張である。1987年に国家資格化がなされてから30年が経過するにもかかわらず、社会福祉関連法における事業のうち、社会福祉士が必置要件となっているのは「地域包括支援センター」のみである。その他の事業の配置においては、専ら「社会福祉士等」という提示がなされており、他の専門職・非専門職でも該当することが認められている。また昨今の傾向として、民間非営利・営利組織に対し政府・行政が事業を委託する際、計画内容を重視する企画競争入札（「プロポーザル形式」）による公募ではなく、原則価格でのみ評価を行う一般競争入札の方式をとることが増加の傾向にあり、この場合は、専門職よりも非専門職を配置した方が、廉価に抑えることができるがゆえに、落札がしやすくなるという事態も見受けられる。このことは、市場原理の進行が、専門性を貶める象徴的な例としてもみることができるだろう。

　二つ目に求められることは、配置されたソーシャルワーカーの待遇改善にある。昨今配置が進められている「スクールソーシャルワーカー」についても、そのほとんどが非常勤であり、仕事の継続性においても、労働（支援）時間的にも安定したソーシャルワークの展開が困難な状況にある。また、常勤配置であっても、他の職種・業務と兼務である場合も、同様にソーシャルワークに注力できない事態に見舞われてしまうことは、住居広士らによる研究の結果からも明らかとなっている[42]。よって、常勤でかつソーシャルワーク業務の専従が担保された雇用体系が求められている

＊41　大原一城・森野俊・田中将隆「いじめ対策 専門員、都道府県で配置30倍差　1万人に0.3〜9人　毎日新聞調査」「各都道府県・政令市が配置するSSWの数は計1703人。文部科学省の統計では、15年度に国補助を活用したSSWは1399人だった。SSWの大半は非常勤で、「常勤」と明示したのは福岡市の1人と名古屋市の17人だけ」『毎日新聞』2016年10月6日大阪朝刊。

＊42　影山佳奈、國定美香、石田博嗣、花田達紀、森ダグラス、澤田如、河村純、住居広士 (2011)「介護老人福祉施設における専任計画担当介護支援専門員と他職種兼務者の業務量の比較——介護支援業務の標準化と専門性の検討——」(2012)『人間と科学　県立広島大学保健福祉学部誌』県立広島大学

のだ。また行政機関では、「福祉職」の雇用形態が設定されている基礎自治体は非常に稀有な存在であり、ソーシャルワーカーは、他の一般職と同様に、ソーシャルワークとは無関係な部署への配属もなされている[43]。基礎自治体においても、配置されたソーシャルワーカーが、ソーシャルワークに専念できる雇用形態を求めたい。そのためには、すべての自治体・関係省庁における「福祉職」の創設・配置が不可欠となる。

　三つ目は、ソーシャルワーカーの管理職への積極的登用である。前記の通り、ソーシャルワーカーは、経営者のみならず、管理職についても、決して多いとは言えない実態がある。行政機関では、「福祉職」の雇用形態があること自体がまれだと論じたが、この「福祉職」が管理職になれない現状を回避しなければならない。ソーシャルワーカーの管理職の存在が、組織にソーシャルワークを敷衍することに資すると考えるからだ。このことは、民間組織のみならず、行政機関においても全く同様のことがいえる。

　以上の取り組みを通じて、組織に雇用されたソーシャルワーカーに一定の裁量が与えられることによって、人びとの尊厳保障を志向した個別性・地域性・柔軟性のある対応が可能となり、その実践を通じて、制度の狭間にある人びとへの支援とソーシャルワークの伸展がなされるだろう。

ソーシャルワークの共通基盤の強化とソーシャルワーク4団体の統合

　四つ目の視点として、更に言及すれば、ソーシャルワーク、特に「社会変革」の重要性に対する共通理解をすべてのソーシャルワーカーが成し遂げていくためには、一旦、それぞれの分野に細分化され分散しているソーシャルワークを再び収斂していく作業が不可欠となる。

　いまや、ソーシャルワーカーの配置は、社会福祉の領域に留まらない。医療・司法・教育・住宅・雇用・多文化・環境等へと実践の範囲が押し広

＊43　「福祉職」もしくは「社会福祉区分」の設定のある自治体は、都道府県や政令指定都市、特別区が中心となっている。政令市以外の市町村においても「福祉職」を募集する場合があるがそれは例外的存在であり、一部の自治体に限定されている。

げられている。そのこと自体は、選別・制限主義から普遍・必要主義への制度的転換とも捉えることができ、人間の権利擁護の観点から好ましいことだと思う。ここで言う「制度的転換」とは、制度的サービスの提供範囲・対象を決定する方法すなわち予算執行のあり方の変更を指す。

　だが、これまでも述べてきたように、ソーシャルワークの価値やアイデンティティが希薄化している状況において、さらに言えば、経済の効率性に絡めとられる形で、地域住民の「サービス提供者」化や費用のかからない「非専門職」の活用が目論まれ、専門職の切要が減退している社会の情勢下で、単純にソーシャルワークの職域が拡大すれば、それはソーシャルワークの自滅へと連なるだろう。そのことによって、ソーシャルワークの原理・価値・アイデンティティの瓦解がより顕著となるからだ。

　今日ソーシャルワークは、改めてその共通基盤を確固たるものへと昇華させる時期に来ている。そして、この共通理解を確立することによってこそ、上記の各分野への拡張が許されるはずだ。でなければ、他の専門職との連携や相互批判が不可能となるばかりか、「社会的コントロール」の圧力に対しての馴化が始まりかねない。そのための具体的な施策としては、4つに分かれているソーシャルワーク専門職団体の組織の一体化と、社会福祉士と精神保健福祉士における資格の統合が求められるだろう。人間の権利擁護に基づき、社会の変革・開発を促進していく者がソーシャルワーカーであり、そのための、共通理解と、根幹となる実践方法の共有が希釈すれば、如何に多様な分野へと裾野を広げようとも、それぞれの領域において、独善的な展開や、「排除する側」への迎合が始まるからだ。私たちは、専門性の皮相化にも繋がる技術論への傾倒を一旦脇に置き、改めて、ソーシャルワークにおける根源的・本質的議論を開始する必要がある。その議論の核心を担うのは、価値への共通理解となるだろう。少なくとも、ソーシャルワークにおける社会正義や人権尊重の内実については、暫定的であれ早期に確定しておかなければならない。

　また社会福祉専門職は2025年には約500万人に到達するといわれてい

*44
る。他方、それぞれの専門職は、散逸した形で、個々の実践や政策提言を展開している。これをもう少し大局観のある目的、例えば、「人間の社会福祉の向上」や「人間の権利擁護」などの共通の目的へと置き換え、大同団結することが今まさに求められている。そして、サラ゠バンクスがいうようにソーシャルワークは、倫理的・実践的・政治的なものであるのだから、普遍主義に依拠した政治的アプローチも進展させていく必要があるだろう。
*45

　新自由主義の伸展した現下の社会において、社会福祉領域の内部で、いや、保健・医療を含めた社会保障分野内で、「縄張り争い」をしている余裕は私たちにはないはずだ。であるならば、社会保障全域における呉越同舟の第一歩として、ソーシャルワーク４団体の統合は大きな意義を帯びてくると私は思う。これは、是非とも早期の段階で実現しなければならない、未来のソーシャルワーカーに対する私たちの責務であるといえるだろう。

「信頼社会」構築のための社会福祉の政策転換

　本章の最後となるが、ソーシャルワークの観点から、社会福祉制度の課題について論述しておきたい。
　一つは、施設ケアの弊害についてである。以下の大橋謙策の指摘にあるように、施設ケアは、対象者を障害・疾病や年齢毎に選別することがケアの起点となっていることから、選別主義に基づいた支援方法であるといえる。

　　　「従来の社会福祉は、施設福祉サービスが中心であった。そこでは、施設利用者のニーズを介護の程度・種類、障害の種類・程度、問題の属性別に細かく分類し、同じニーズを抱えている人を集め、利用させる"分類主義"の考え方をとっていた。それは、同じニーズを有する

━━━━━━━━━━━━━━━━━━━━━━━━━━━━━
＊44　凡例＊1参照。
＊45　サラ゠バンクス（前掲＊7）

四章　ソーシャルワークの中核に位置する「社会変革」　201

人を 1 か所に集め、必要なサービスを提供したほうが濃密なサービスを提供できるし、合理的対応ができると考えたからである。それだけに、結果として、社会福祉施設でのサービスは画一的、均一的サービスにならざるをえなかった[46]」。

　他方で、大橋の指摘どおり、在宅ケアは、ニーズに応じた支援をとりやすい素地があることから、必要主義・普遍主義に依拠した展開がしやすくなるという利点がある。

　　「（在宅福祉サービスは、）施設福祉サービスのように、全生活を丸抱えにしてサービス提供するという方式ではなく、在宅自立生活に必要なサービスを的確に提供することが基本である。したがって、そこでは、障害者、高齢者という属性が問題になるというより、必要なサービスを気軽に利用できるかどうかが問われ、同じサービス利用においては障害者や高齢者の属性の違いは施設ほどに問題にならず、同じサービス利用者というとらえ方にならざるをえない」（括弧内は中島）[47]。

　もちろん、施設ケアにおいても、その運用面の改良によって、ニーズに応じた支援をとることは可能であり、個別のニーズを把握し、その対応をとればより普遍主義を念頭に置いた施設運営が実現できるかもしれない。しかしながら、そのためには効率性と生産性を追求してきた従来の施設ケアの思想から意図的に距離を置き、職員の人員配置基準でさえも見直す必要が生じてくるだろう。これは、在宅ケアにおいても同様である。つまり、大橋の指摘は、権利擁護の観点から、理論的には正鵠を射ているが、財源確保の議論を等閑にしている点において、現実的には実効性を失しており、現場の社会福祉専門職の負担のみを高めることに逢着するものと思われる。

＊46　大橋謙策（1999）『地域福祉』放送大学、P.189
＊47　大橋謙策（前掲＊14）PP.189-190

そのことに警戒しつつも、大橋の論及は、在宅ケアが、普遍主義や必要主義へと連なる可能性を提示しておりこの点において注目に値する。以上のことから、ソーシャルワークの権利擁護を伸展させていくためには、普遍主義・必要主義の重要性の共通理解と在宅支援の強化が求められることになる。

　最後に、この普遍主義を志向した場合、日本型の社会福祉（「特定・少数の社会的弱者への救済・保護サービス」）からの脱却が求められていくことに言及しておく。岡田徹によれば、まず、発展途上国では、「社会福祉」ではなく、「社会開発」が広く用いられているという。その理由として、①「特定・少数の社会的弱者への救済・保護サービス」という手法が国情に合わないからだとし、「社会的弱者」は、「特定・少数者」ではなく、「不特定・多数者」であること、②「租税負担方式」であれ、「保険料拠出方式」であれ、経済発展がなければ、社会保障による対応がとれないことを挙げている。

　続いて岡田は、イギリス・アメリカ・北欧における「社会福祉」の取り扱いについても以下の様に言及する。

　　このことは欧米においても同様であり、イギリスでは「ソーシャル・サービス」が用いられ、その中には、所得保障（各種年金）・医療保障・教育・雇用・労働・住宅なども含意されている。アメリカにおいても、「ソーシャルワーク」が一般的に使われており、「ソーシャル・サービス」「ヒューマン・サービス」という言葉も見受けられる。北欧の福祉国家では、限定主義や選別主義は排されているため、「特定・少数の社会的弱者への救済・保護サービス」という発想そのものがない。

　これらのことを踏まえて、「日本は『社会福祉』という『ことば』と『手法』を常用する世界で唯一の国である」と岡田は断じている。[48]この社会

＊48　岡田徹、高橋紘士編著（2005）『コミュニティ福祉学入門　地球的見地に立った人間福祉』有斐閣、PP.2-3

の構造は、すべての人間の権利擁護を使命とするソーシャルワークの伸展を阻害するであろう。次に示すように、限定主義や選別主義は、「人びと」に対する偏見と差別を生産し、「人びと」と人びととの分断を深刻化させていくからである。

　一つは、「地域包括ケア」やその後の政策が根深く依存している「自助」・「互助」・「共助」・「公助」の序列化についてである。この「序列化」は、まさに「自助」と「互助」を怠った者にしか、介護保険である「共助」や公的社会福祉サービスである「公助」を用いることができないとする意味において、酷く選別的で、かつ差別的であると言明することができるだろう。「自助」・「互助」の力の低減した人に限定して、「共助」・「公助」のサービスを提供するこれら選別主義の仕組みは、人間が基礎的な暮らしを営む上で最低限必要とされるサービスは、本人の経済状況や「能力」、家庭・地域環境に左右されることなく誰もが利用することができるとする普遍主義の思想からも大きく乖離している。そもそも、社会保険でさえ、（飽く迄も、保険に加入している者のみが対象ではあるが）被保険者が、ある状態に置かれれば、無条件にそのサービスを利用することができるというところに真骨頂があるはずだ。よって、この選別主義の流れは、この社会保険のあり方さえも歪曲する時勢を形成しているといえる。

　二つ目に、こうした選別主義の論理は、貧困論における制限扶助主義そのものと整合する。唐鎌直義によれば、制限扶助主義や選別主義の思想は、1874 年に施行された恤救規則の時代から存在し、そして、敗戦を経た現在に至るまでその根をはっているという。

　「わが国の現在の公的貧困救済のフレームワークは、貧困かどうかを判断する基準の程度が過去の『極貧』から今日の『貧困』に上昇しただけで、今も基本的に明治期の恤救規則とそう大きく変わっていない。社会のなかの最も弱い立場にある貧困者に対する国家の処遇という観点から日本をみる限り、戦前と戦後は連続した社会といえるので

はないか。保護の申請者に生活困窮以外の受給要件を課し続ける限り、現行制度はまさにイギリス新救貧法（1834年）が採用した『救済に値する貧困者』（Deserving Poor）だけを選別的・効率的に救済しようとする制限扶助主義の制度そのものではないか。戦後の日本は（そしておそらく現在の日本も）、『労働と兵役』の義務が『労働と納税』の義務に入れ替わったに過ぎず、社会保障の基底は戦前とそう変わらない、というのが筆者の意見である[49]」。

　そもそも、社会福祉サービスを利用する人たちは、1000万人以上[50]、その家族は推計1490万人以上[51]、これに加え、現時点では不要であっても、やがてこのサービスを必要とする潜在的利用者も存在する。この様に考えれば、社会福祉サービスに従事する者と「人びと」の家族を含め、サービスを必要とする「人びと」は、何ら特別な人たちではなく、すべての人びとが必然的に連関しているとの認識が不可欠だ。つまり、社会福祉の領域は、一切の人びとが当事者性を含意して取り組むべき領域であるといえるのだ。その意味においては、「地域共生社会」が標榜する「我が事・丸ごと」の「我が事」の表記には一定の理解ができるだろう。ただし、「我が事」であるかどうかは、政府が決めることではなく、その地域で暮らすひとり一人の住民が主体となって判じることである。

　ソーシャルワークの目的は、費用抑制にはない。また地域住民を「サービス提供者」に仕向けることでも断じてない。もちろん、ソーシャルワーカーの仕事が、人びとのエンパワメントと解放を促進することで、その副次的・反射的利益として、給付抑制に貢献することはあり得るだろう。しかし、それが、ソーシャルワークの目的であってはならない。このことを

＊49　唐鎌直義（2012）「社会福祉における貧困論の展開」：河合克義編著『福祉論研究の地平　論点と再構築』法律文化社、P.41
＊50　凡例＊2参照。
＊51　凡例＊3参照。

十分に踏まえながら、「地域包括ケア」や「地域共生社会」を見ていく必要がある。この領域で、ソーシャルワークがその力を発揮させられるのは、多様な人びとの「出逢い直し」によって相互理解・学習を促し、多様性や信頼性の担保された社会包摂に向けた取り組みでしかない。

五章
「地域共生社会」の背景にあるもの

●政府の志向する「地域共生社会」をみる

「地域共生社会」までの道程

　本章から七章に掛けては、これまで政府の示してきた「地域共生社会」についてソーシャルワークの観点から論及していく。その前に、この「地域共生社会」が顕現に至るまでの経緯について振り返ってみよう。

　2006 年の介護保険制度改定によって、地域包括支援センターに加え、地域密着型サービスが創設された。このことは、「平成の市町村大合併」によって、介護保険の保険者としての市町村の範囲は劇的な広がりを見せた一方で、社会福祉サービスの提供範囲をより狭小に押さえていこうとする流れとして捉えることができる。つまり、「人びと」のより身近で継続的な社会環境としての比較的狭い範囲における地域で、「人びと」へのサービス提供が「完結」する仕組みを志向したものであるといえるだろう。また、この頃から政府は「地域包括ケア」を打ち出し始め、その後、大々的にこれを拡張させたのは、介護保険法に「理念規定」として初めて明示した 2012 年の介護保険制度改定以降である。

　この「地域包括ケア」は、「地域住民が住み慣れた地域で安心して尊厳あるその人らしい生活を継続すること」を目的に置いていることからも、その支援のあり方としては、「本人の暮らしたい場所で、本人の希望する暮らしを支援する」ことが想定される。もちろん、ここでいう「本人」に

207

はすべての人びとが該当することは言うまでもない。

　その後同じく政府によって打ち出されたのが「地域共生社会」である。この「地域共生社会」とは、「住民一人ひとりの暮らしと生きがい、地域をともに創っていく社会」を志向したものであり、そのために必要とされる以下の4つの役割が掲げられている。

　　①制度・分野ごとの「縦割り」を越境すること。
　　②「支え手」「受け手」という関係を再創造すること。
　　③地域住民や地域の多様な主体が「我が事」をもって参画すること。
　　④あらゆる社会資源が世代や分野を超えて「丸ごと」つながること。

　ここに描かれていること自体には、普遍主義や権利擁護、社会的包摂の観点から異論を差し挟むべきものは何もない。加えて、かかる議論の中で、個人の尊厳の尊重が繰り返し述べられていることや、そのための社会資源の開発を押さえている点などから、ソーシャルワークの理論と方法を重視する姿勢を垣間見ることもできる。

　以上の観点から捉えれば、「地域包括ケア」や「地域共生社会」は、「すべての人間の暮らしたい場所で、本人の希望する暮らしを保障する」ことを志向していることになり、これは人間の権利擁護というソーシャルワークの目的と符合するものであるといえるだろう。

「地域共生社会」の背景にあるもの

　このことをもう少し大きな視座で捉えてみる。まず、2011年5月に発足した有識者らによる政策発信組織「日本創成会議」（座長・増田寛也前岩手県知事〈元総務相〉）が「消滅可能性都市」論を発表し、それ以前からあるコンパクトシティ論と共鳴することでその影響が社会に敷衍していった。その後、2014年9月3日に、安倍晋三・内閣総理大臣を本部長とする「まち・ひと・しごと創生本部」の発足が閣議決定される。これら政

府の示す「地方創生」によって、経済の効率性を優先させた上で、無情にも、人間を個人としてではなく人口分布として捉えた政策が打ち出されていく。その最たるものが、東京都の高齢化問題を地方に押し付けるばかりか、「人びと」の「強制移動」を含意する「日本版 CCRC 構想」（Continuing Care Retirement Community：CCRC）である。

2016 年 6 月 2 日には、「ニッポン一億総活躍プラン」の閣議決定がなされ、「アベノミクスの新三本の矢」を基調とした計画が示される。その「基本的考え方」の内、着目すべきは以下の三点であろう。

① 「日本経済に更なる好循環を形成するため、（中略）広い意味での経済政策として、子育て支援や社会保障の基盤を強化し、それが経済を強くするという新たな経済社会システム創りに挑戦する」こと。
② 「これは単なる社会政策ではなく、究極の成長戦略」であるとし、「全ての人が包摂される社会が実現できれば、安心感が醸成され、将来の見通しが確かになり、消費の底上げ、投資の拡大にもつなが」り、「多様な個人の能力の発揮による労働参加率向上やイノベーションの創出が図られることを通じて、経済成長が加速することが期待される」こと。
③ 「強い経済、『成長』の果実なくして、『分配』を続けることはできない」と断じた上で、「成長か分配か、どちらを重視するのかという長年の論争に終止符を打ち、『成長と分配の好循環』を創り上げる」こと。

これらを読めばわかる通り、「一億総活躍社会」の目的は、経済成長であって、「子育て支援や社会保障」、社会包摂による安心、「多様な個人の能力の発揮」はその手段でしかない。更に言えば、この目的の成果がでなければ「分配」は継続できないとさえ言い切っている。ソーシャルワークにとっては、翻って、「経済成長」は、人間の権利擁護の手段でしかないわけだから、この発想は、私たちと対極の位置で形成されていると言わざるを得ない。更には、人権や人間の社会的権利の実現は、「経済成長」の

有無によって左右されるようなものではなく、まさに人間の普遍的権利として最優先されるべきものであるはずだ。そして、この「究極の成長戦略」の中に組み込まれた「『介護離職ゼロ』に向けた取組」において登場するのが「地域共生社会の実現」である。

　一方、厚生労働省においても、2015年9月17日「誰もが支え合う地域の構築に向けた福祉サービスの実現——新たな時代に対応した福祉の提供ビジョン——」（以下「新福祉ビジョン」）が策定され、2016年7月15日「『我が事・丸ごと』地域共生社会実現本部」（本部長・塩崎厚生労働大臣）（以下「我が事・丸ごと」）が設置される。まさに、如上の経済成長を志向した本流から波及する形で、社会福祉の領域においても、地域住民に「我が事」を促し、専門職が「人びと」に「丸ごと」対応することで財政の効率化をはかろうとする支流が生まれ、その下流に「地域共生社会」は流れているということになる。

　如上の事柄を総括すれば、「人間の権利擁護」、それが純然たる政府の狙いではないことは明らかである。以下、さらに踏み込んで論及していく。

```
● 「地域共生社会」の背景にあるもの①
　 人間を手段化する政策
```

「コンパクトシティ」論・「生涯活躍のまち（日本版CCRC）」構想による弊害

　一つは、先にも述べたように、政府は、「コンパクトシティ」論や「生涯活躍のまち（日本版CCRC）」構想などを打ち出してきた。これらは、ひとり一人の人間の自由を、全体主義的な人口分布で捉えた上で、経済の効率性を優先した論理であることは明白であり、「人間の権利擁護」とは背反した立場を示している。「地域共生社会」の一つの本質を明らかにするために、この点を少し掘り下げて説明しておく。

　まず、本来の地域共生社会や地域包括ケアの概念には、先にも述べた「本

人の暮らしたい場所で、本人の希望する暮らしを支援する」ことが包含されている。人びとが、たとえ、どのような状況におかれたとしても、その自己決定、即ち、尊厳を保障することこそがその要諦となる。しかし、政府は、「コンパクトシティ」論や「生涯活躍のまち（日本版CCRC）」構想などを「地方創生」のテーマとして掲げている。そして、殊に政府が力を入れ、「地方創生」の目玉として標榜している「生涯活躍のまち（日本版CCRC）」構想では以下のことが謳われている。

　　「『生涯活躍のまち』構想は、『東京圏をはじめとする地域の高齢者が、希望に応じ地方や「まちなか」に移り住み、地域住民や多世代と交流しながら健康でアクティブな生活を送り、必要に応じて医療・介護を受けることができるような地域づくり』を目指すものである。本構想の意義としては、①高齢者の希望の実現、②地方へのひとの流れの推進、③東京圏の高齢化問題への対応、の3つの点があげられる[*1]」。

　このことは、社会的連帯や共同性の稀釈化にさらなる拍車をかけ、人びとの尊厳を毀損することへの帰結をみるであろう。なぜならば、これらの理論は、やはり、人間を、個人として捉えずに、その集合体のあり方としての人口分布で捉えた上、個人の尊厳ではなく、経済の効率性を優先した思想で構成されているからである。つまり、表向きには「高齢者の希望の実現」と言いつつも、経済の非効率性を取り除くことを第一義とし、都心・都市部から地方へ、過疎地から市街地へと人間の移住を推し進めているのだ。

　よって、以上の政策は、「人びとをそれ自身において目的として扱い、手段として扱ってはならない」とする、もしくは、「あらゆる人間はそのように [手段としてではなく目的として] 取り扱われるべきである」とい

---

*1　日本版CCRC構想有識者会議「『生涯活躍のまち』構想（最終報告）」

五章　「地域共生社会」の背景にあるもの　　211

うソーシャルワークの根本原理から大きく逸脱した論理によって形成されているといえるだろう。[*2]

「地方創生」が多様な教育の機会と地域住民の連帯を壊す

　例えば、私が暮らしている広島県福山市では、小学校の統廃合の問題が顕在化している。その中のA地区の小中学校に在籍する児童総数は14名（小学校6名・中学校8名）でしかない。しかし、この学校では、文部科学省のカリキュラムを進めるにあたり、大規模校ではその個性が充分に尊重されてこなかった子どもたちに対する個別性の担保がなされていることや、地域住民も、運動会の開催支援から課外活動、郷土学習を含めた日常的な学習支援にいたるまで学校の運営に対して様々な支援をおこなっている。文部科学省の「学校規模（学級数）の標準」を杓子定規に当てはめていくだけで、これが満たされなければ統廃合に踏み切るというのであれば、それが、多様な子どもたちへの教育の機会と地域住民の連帯の意識に水を差すことは明らかである。これが政府の目指す「地方創生」であるならば、やはり、「人間の権利擁護」とは離反しているといわざるを得ない。

　事実、文部科学省から示されている「公立小学校・中学校の適正規模・適正配置等に関する手引」をみれば、「児童生徒が集団の中で、多様な考えに触れ、認め合い、協力し合い、切磋琢磨することを通じて一人一人の資質や能力を伸ばしていくという学校の特質を踏まえ、小・中学校では一定の集団規模が確保されていることが望ましい」としたうえで、なんと1958年に定めた「小・中学校の学校規模（学級数）の標準」（小・中学校ともに12学級以上18学級以下）を推進するとともに、小学校が6学級以下、中学校では3学級以下となる場合は、統合の適否を速やかに検討することを勧めている。もちろん、本手引きでは、「公立小・中学校の設置の在り方を最終的に判断するのは学校設置者である市町村」として基礎自治体の

＊2　サラ＝バンクス（2016）『ソーシャルワークの倫理と価値』（石倉康次、児島亜紀子、伊藤文人監訳）法律文化社、P.70

主体性に言及しつつ、「小・中学校の学校規模（学級数）の標準」が「『特別の事情があるときはこの限りでない』という弾力的なものとなっていることに留意が必要」としている。しかしながら、大きな方針はやはり「適正規模・適正配置」に向けた統廃合の促進であることは否めない。更には、手引きの中に、「まち・ひと・しごと創生法」に基づいた「市町村まち・ひと・しごと創生総合戦略」を策定する市町村の努力義務への言及があることなどからも如上の懸念は杞憂でないことがわかるだろう。[3]

　また、文部科学省による「学校規模の適正化及び少子化に対応した学校教育の充実策に関する実態調査」によれば、統合による小中学校の減少校数は 2014 年から 2016 年までの 3 年間で計 923 校であった。[4]統合対象の1617 校が 694 校に収斂されたのだ。そして、現在の基準をもとに統廃合を進捗させた場合、2050 年までに小学校は 3 分の 1 になり、約 850 の市町村では単独で小学校が置けない状況に陥るとさえ報じられている。[5]

　加えて、先の文部科学省の「実態調査」では、この統合によって通学距離が長くなる児童に対して、約 8 割の 545 校でスクールバスが導入されており、その購入費の平均額は小学校 1835 万円、中学校 1890 万円とされている。このスクールバスの維持費や運行委託費、電車通学の運賃補助などの年間費用も上昇し、2 校統合の場合、小学校は統合前の 366 万円から2.5 倍の 919 万円に、中学校は 528 万円から 3.1 倍の 1626 万円に増加し、3 校・4 校と統合数が増えるほど通学区域が拡大するためさらに増加する傾向に

＊3　文部科学省「公立小学校・中学校の適正規模・適正配置等に関する手引～少子化に対応した活力ある学校づくりに向けて～」2015 年 1 月 27 日

＊4　文部科学省「学校規模の適正化及び少子化に対応した学校教育の充実策に関する実態調査について」2016 年 5 月 1 日

＊5　「社説　人口を考える　地方自治の将来　市町村とは何か、再定義を」『毎日新聞』2018 年 7 月 17 日東京朝刊「東洋大学の根本祐二教授は全国の小学校が 2050 年ごろにどう統廃合されるかを試算した。児童数が今より 3 割減る想定に基づいたものだ。その結果、1 学校 18 学級を標準にした場合、現在約 2 万ある小学校は約 3 分の 1 の 6500 に減る。しかも、約 850 の市町村は単独で小学校を置かず、近隣の自治体と協力して小学校を運営することになる。つまり、学校を区域内に持たない自治体も出てくる」。

五章　「地域共生社会」の背景にあるもの　　213

あるという。かてて加えて、統合して校舎などを新増築した総事業費の平均額は、小学校が20億2330万円、中学校で19億7797万円をそれぞれ支出していると報じられている[6]。つまり、多様な教育の確保と地域住民の連帯力のみならず、経済の効率性をも毀損している可能性が生じているのである。

そもそも、1958年に定められた基準をもとに、しかも、それを津々浦々に画一的に推し進めていくこと自体に、地域性と個別性の黙殺があり、人びとの自己決定と尊厳に対する侵害があるといえるだろう。このことは、私たちが、真の地域共生社会を考える際のよい反面教師となりそうだ。

「地方創生」がコミュニティを分断する

話を戻すが、これら政府の「地方創生」では、現在あるコミュニティの中に、全くアタラシイ「コミュニティ」を創出する営みが含まれており、このことが既存のコミュニティの衰退にも連なる危惧がある。そもそも、コミュニティとは、多様な成員による共同性に裏打ちされているものである。その前提を放置し、政府の意図する目的をもとにまちづくりを進めれば、多様な成員の一部を排除するコミュニティを形成することになるだろう。

つまり、それが、本場アメリカのCCRCのような厳格な「ゲーテッドコミュニティ」（gated community）にまでは至らずとも、既存のコミュニティのなかに、アタラシイ「コミュニティ」、ここで言えば、首都圏・都市部の高齢者の受け入れや、高齢・障害・児童分野を網羅した「社会的弱者」に対する包括的な支援を目的とした全く別の「コミュニティ」を創出することが企図されているのだ。

私の体験で言えば、京都にあるCCRCと思しき取り組みを見学したことがある。その「コミュニティ」には、瀟洒で静穏な空間を基調に、図書館・

＊6 「毎日フォーラム・ファイル 小中校統合 過去3年間で923校減少 文科省調査」毎日新聞2017年6月15日

コンビニ・集会所・郵便局等の「公共」施設が整備されており、その「コミュニティ」で暮らす高齢者の安心安全はもとよりきめ細かなサービスが充実していた。そこでは、高額な利用料・入居金を支払うわけだからそれは当然の「権利」なのかも知れない。しかし、既存のコミュニティの中につくられたこの「コミュニティ」は、明らかにコミュニティから隔離されているように感じた。なぜならば、「コミュニティ」の関係者以外の人びとの出入りが殆ど確認できなかったからだ。さらに言えば、四六時中「静穏」であることが人間の暮らしを豊かにするとも思えない。一緒に見学した人の中には、子どもの声がまったく聞こえない異常な空間だと揶揄する者もいたほどだ。

　以上の観点からみれば、政府の志向する「地方創生」は、コミュニティの新たな分断を惹き起こす危険すらあり得ることが確認できる。このように「何か」の基準に則り、「誰か」の意図に沿って構築されたコミュニティは、既存のコミュニティの中に、さらに閉ざされた別の「コミュニティ」を創出してしまう。

　確かに、地域は、「あるもの」ではなく、「つくるもの」かもしれない。しかしそれは、そこで暮らすすべての人びとの主体性と共通理解に基づいてなされていくべきものである。さらに言えば、その地域の、過去ー現在ー未来という連続性のなかで創造されていくべきものであろう。そして、そのつくられ方は、地域性によって、様々な価値に依拠した多様性に富んだものでなければならない。経済の効率性という特定の価値観に準拠するものでは断じてないし、外部から一時的にやってきた者(「コンサルタント」や「デザイナー」)や、特定の地域住民だけで、「設計」して、つくり上げるものであってもならないのである。

　以上のことからも、この「コンパクトシティ」論や「生涯活躍のまち(日本版CCRC)」構想には、ソーシャルワークの価値とは全く相容れない論理が含意されているため、ソーシャルワークからすれば批判の対象とすべきものである。しかし、残念ながら、この政府の「地方創生」に批判的な

ソーシャルワーカーと私は出逢ったことがない。そのようなソーシャルワークの現状において、この「地方創生」と連動している「地域共生社会」を、多くのソーシャルワーカーは野放図に受け入れていくであろう。であるがゆえに、この「地方創生」の正体を私たちソーシャルワーカーが掴んでおくことの重大性があるといえる。

● 「地域共生社会」の背景にあるもの②
　費用抑制論に依拠した「地域包括ケア」と「新福祉ビジョン」

選別主義・「劣等処遇の原則」としての「地域包括ケア」

　「地域共生社会」における「政府の狙い」を押さえるための二つ目の視点は、それ以前から打ち出されてきた「地域包括ケア」の本質からもみてとれる。御多分に洩れず、この「地域包括ケア」においても、経済の効率性と選別主義・「劣等処遇の原則」が基盤に据えられているからだ。

　これを如実に示しているのが、「自助」「互助」「共助」「公助」の順に固定された序列化にある。地域包括ケア研究会による報告書の以下のくだりをみれば、政府のこの4助に対する考え方がよくわかるだろう。

　　　「『公助』は公の負担、すなわち税による負担、『共助』は介護保険や医療保険にみられるように、リスクを共有する仲間（被保険者）の負担、『自助』は、文字通り『自らの負担』と整理することができる。『自助』の中には、『自分のことを自分でする』という以外に、自費で一般的な市場サービスを購入するという方法も含まれる。たとえば、お弁当を購入するのも、調理しているのは自分ではないが、その対価を自ら負担しているという意味において、これも『自助』と考えるべきである。（中略）これに対して、『互助』は、相互に支え合っているという意味で『共助』と共通点があるが、費用負担が制度的に裏付け

られていない自発的なものであり地域の住民やボランティアという形
で支援の提供者の物心両面の支援によって支えられていることが多い。
また、寄附金などの形で不特定多数の支援を受けている場合もあるだ
ろう[7]」。

　「公助」は税を財源とした公的支援を、「共助」は社会保険に基づいた支
援、「互助」は地域住民による非制度的な支え合い、「自助」は自らを支援
することに加え、自費でサービスを購入することをも内含しているとする。
恐らく、家族による支援は、「互助」ではなく、「自助」のなかに含まれる
のだろう。
　拙著『地域包括ケアから社会変革への道程【理論編】』（批評社）でも示
してきたように、これよりさらに前の政府の報告書では、「共助」が地域
住民の支え合いに位置づけられていたことなどの変遷がみられるし、私
自身は、「共助」を社会保険に位置づけることに反対の立場をとっている。
つまり、社会保険の財源にも税金が投入されているばかりか、保険者とし
ての自治体の責任が求められているからだ。これは明白な「公助」であり、
それを「共助」と言い換えるのは、その根底に公的支援（「公助」）を減退
させようする目論見があると勘繰られても仕方があるまい。さらに言えば、
この４助をわざわざ定義づけ峻別する意図は、「自助」・「互助」を強調す
るためであり、「公助」、さらには「共助」を減退させるためであるといえ
るだろう。そうでなければ、政府から見た際に、そもそも、これらの定義
自体の必要性はどこにも見当たらない。

───────────────────────────────

＊７　地域包括ケア研究会（2013年３月）「＜地域包括ケア研究会＞地域包括ケアシステム
　　の構築における今後の検討のための論点　持続可能な介護保険制度及び地域包括ケアシ
　　ステムのあり方に関する調査研究事業報告書」三菱UFJリサーチ＆コンサルティング、
　　P.4

「公助」の範囲とその財源

　仔細な点は拙著に譲るが、端的にいえば拙著では、この4助を提示する意義に疑問を呈しているし、むしろ重要なことは、人びとに対する「公助」の範囲の明確化と共通理解であると論じている。憲法25条や13条に即して、政府がどこまでの範囲を自らの責務として「公助」に位置づけているのかが問われているのであって、その領域を縮小するために「共助」や「互助」、「自助」を持ち出しているのであれば、やはりそれは政府の責任逃避であるとのそしりを免れまい。

　因みに、拙著で私は、三浦文夫の主張を用いて、2つの「公助」を捉えており、その双方を「公助」の範疇として位置づけている。それは、①社会保険ではなく税で対応すべき公助、と、②社会保険も含めた公助、である。私は、②ついても、原則社会保険ではなく税で対応すべき、との思いを持っているが、社会保険がここまで膨張した今日、それに抗うことも現実的に難しく、ここに社会保険を入れざるを得ないと考えている。既に、社会保障給付費の約9割を社会保険制度が占めてしまっているからだ。

　まず、①の「公助」の範囲としては、以下の三浦が示している「公的責任」のくだりを参考にしている。

　　「第一に、サービスが対応すべきニードが生活を成立せしめる基礎的な部分に係わるもので、それが充足されないことを放置することが社会的に認め難いという合意にもとづくような場合、それは公的責任によって対応しなければならない。そしてそのような種類のニードの充足は、ある種の強制力を伴って公的な義務として行わなければならないとされる。この考え方は社会福祉の分野においては、措置の概念と結びついて理解することができる。（中略）そして元来はこの概念は、生活保護法にいうところの『保護』ということと同じように緊急に援護・育成を要する状態、すなわちそれを放置すれば、その最低の人間

生活の維持を図ることのできない状態に対して、行政が責任をもって
擁護・育成などを行うこと」[*8]。

　上記の見解から言えば、介護を含めた社会福祉や医療、そして、教育な
どがこの領域に当てはまるだろう。加えて、②の領域としては、同じく三
浦の、しかし、三浦としては「公助」に位置づけてはいない以下の範疇を
捉えることにしている。少し長くはなるが、拙著から引用してみよう。

　　「加えて三浦は上記と異なる領域として、『必ずしも行政がもっぱら
　　責任をもって行う、いわゆる「義務的サービス」とは異なり、公（行
　　政）および私（民間団体その他）のいずれもがこれらのサービスを行
　　うことができる』サービスとして、『提供されるサービスが、そもそ
　　も他のニード充足手段としての市場メカニズムや家族に、適合的では
　　ないという判断が成立する場合』や、『そもそもサービス提供が採算
　　性を欠いたり、資源の調達が困難であるため、市場メカニズムによっ
　　て組織されるインセンティブを欠いている場合、あるいは、市場メカ
　　ニズムによって、提供されるサービスでは必要な量と質を確保するこ
　　とが困難な場合、あるいは必要な質を確保するためには、負担困難な
　　価格になる場合、さらには、サービスの利用に不公平を生じ、接近性
　　が妨げられる場合』を挙げている[*9]。
　　　以上の主張に対して、上記サービスの提供についても、私は、本来
　　は『義務的サービス』に位置づけるべきであるし、公的責任の関与を
　　退行させるべきではないと主張してきた。むしろ逆に、1985年当時、
　　これを明確に公的責任の範疇に収めようとしなかった三浦の認識に疑
　　問を抱く。この三浦の主張以降現在においては、サービス提供主体の

＊8　三浦文夫（1985）『社会福祉政策研究──社会福祉経営論ノート』全国社会福祉協議会、
　　PP.167-168
＊9　三浦文夫（前掲＊8）P.169

五章　「地域共生社会」の背景にあるもの

多元化と企業参入が進行してしまったが、それでも、サービス提供者が、行政であれ民間団体であれ、市場の原理に委ねることができないサービスの範疇は公的機関による責任ある関与が不可欠であると（中略）明言してきた。また、その過ちを蔓延しつつあるのが現下の社会であることも述べた。サービス提供者が民間団体に委託されている場合においても、政府・自治体は、民間団体の豊かな創造性を認めながらも、その監督・支援の責任を遂行しなければならない。よって、社会保険においても、政府の責任ある関与が根底になければならないため、これらの領域も共助ではなく、公助に含めて考えるべきだと思う」[10]。

　因みに、この文脈上では、この範疇への対応を社会保険でおこなうことを前提としているかのように読み取れる。しかしそれは、政府が、社会保険（介護保険）を「共助」に位置づけていることへの反論から、「公助」における社会保険が強調されているに過ぎない。拙著でも記しているように、社会福祉や医療、教育など、所得の多寡にかかわらず、すべての人びとが必要とするサービスは、社会保険ではなく、むしろ、税によって対応すべきというのが私の基本的な立脚点である。その理由の幾つかを拙著では示してきたが、そのうち最も重要な点を挙げるならば、これら人間の基礎的権利への対応を社会保険で行っていけば、人間の社会的権利への希釈化が進捗してしまう事実は押さえておくに値するだろう。この「権利としてのサービス」から「保険に基づくサービス」への置換は、この社会における社会正義と人権に大きな打撃を与え続けているからだ。
　これらに加えて、井手英策が掲げている「人間に共通のニーズ」に対して「すべての人々に品位ある保障を行う」ことが、この「公助」の対象と

＊10　中島康晴（2017）『地域包括ケアから社会変革への道程【理論編】　ソーシャルワーカーによるソーシャルアクションの実践形態』批評社、PP.162-164

なると私は考えている。[11]最低限度の生存保障にとどまるのではなく、すべての人間の尊厳を保障するのである。これは、人間としての尊厳を保持するために必要なサービスは、収入の多寡や家族の状況、疾病・障害の程度の如何にかかわらず、すべての人間に等しく提供されるべきであるとする普遍主義や必要主義に依拠したものだ。このような道をとることが、同じ貧困層に置かれている生活保護「受給者」と「非受給者」による分断や富裕層・中間層の「公助」に対する無関心・無理解を防止し、更には、人びとの痛税感を緩和することにも連なるであろう。そして、これらの保障は、本来であれば、税で賄われるべきであるとすることが「公助」に対する私の主張となる。

4 助の序列・優先順位化

そして、「地域包括ケア」が給付抑制論や選別主義を基盤としている決定的な理由は、この4助の優先順位化にある。まず、「地域包括ケア」が謳われている社会保障制度改革推進法（2012年8月施行）を根拠に内閣に設置された「社会保障制度改革国民会議」が提出した「社会保障制度改革国民会議報告書」をみてみたい。

> 「国民の生活は、自らが働いて自らの生活を支え、自らの健康は自ら維持するという『自助』を基本としながら、高齢や疾病・介護を始めとする生活上のリスクに対しては、社会連帯の精神に基づき、共同してリスクに備える仕組みである『共助』が自助を支え、自助や共助では対応できない困窮などの状況については、受給要件を定めた上で必要な生活保障を行う公的扶助や社会福祉などの『公助』が補完する

＊11　井手英策（2017）「ニーズ——税を『取られるもの』から『みんなのたくわえ』に変える」：井手英策、宇野重規、坂井豊貴、松沢裕作『大人のための社会科　未来を語るために』有斐閣、PP.153-168

仕組みとするものである」[12]。

　ここでは、「自助」を基本とすることの強調と、「自助」と「共助」で対応できない状況に陥った際、そのうえで、「受給要件」を満たすことを条件に初めて「公助」にたどり着くことができるといっている。この思想は、まさに「自助努力」を強要してきた日本型社会福祉の一つの残滓として捉えることができるだろう。
　加えて、地域包括ケア研究会の報告書では、以下のような叙述がなされている。

　　　「介護保険制度は、『自助』や『互助』だけでは介護負担を受け止められなくなった社会状況に対応して誕生した。ただし、その目的は、『自助』や『互助』を介護保険（共助）で置き換えるものではない。あくまで『自助』や『互助』では対応しきれない部分や、所得等の経済力によって逆選別となりがちだった公助では対応しにくかったニーズに対して、『共助』がこれに対応するとの認識のもとに、介護保険制度は設計され、発展してきた」[13]。

　介護保険（「共助」）は、「自助」・「互助」の安易な代替を担うものではなく、飽く迄も、そこを補填するものであるとの見解が示されている。つまり、介護の問題を本人や家族に押し付けてきたという反省に立ち、介護の社会化を志向してきたはずの介護保険の虚偽性を明らかにしているわけだ。
　また、ここでは「公助」が、「所得等の経済力によって逆選別」となることの指摘がなされているが、これは「公助」に特有の問題ではなく、むしろ、選別主義的な手続き（予算執行）による瑕疵であり、「所得等の経済力」如何によらずすべての対象者にサービスを提供する普遍主義的な運用を行えば払拭ができる制度設計上の問題である。つまり、選別主義の欠

点を、「公助」へと移転するという論理のすり替えがなされているのだ。

　以上みてきたように、「地域包括ケア」は、介護保険を「共助」に位置づけたうえ、「自助」「互助」の重要性を誇張する。そして、これらが不可能な人びとだけを、さらには、「受給要件」で選別のうえ、「共助」を経て「公助」の対象にするとしている。その根底には、「安上がりの福祉」としての費用抑制論と連動して、選別主義や「劣等処遇の原則」の思想があることに疑いの余地はない。

生産性と効率性に焦点を定める「新福祉ビジョン」

　「新福祉ビジョン」や「我が事・丸ごと」では、「サービス・専門人材の丸ごと化」をはかるために、「公的福祉サービスの総合化・包括化（基準該当サービスの改善、共生型の報酬・基準の整備)」や「専門人材のキャリアパスの複線化（医療・福祉資格に共通の基礎課程の創設、資格所持による履修期間の短縮、複数資格間の単位認定の拡大)」などが想定されている。つまり、支援の対象者を、「全世代・全対象に発展・拡大させ」、看護職・介護職・保育士・社会福祉士などの医療と社会福祉の専門職を対象に、対象者の年齢や障害等の種別によらない共通の基礎資格を創設することなどが議論の俎上に載せられているのだ。

　言わずもがな、専門性とは、端的に捉えても目的・価値・知識・技術の総体である。そして、この目的・価値・知識・技術の共通基盤として、これら専門職から抽出できるものはほとんど無いか、ごくわずかであろう。特に、医療と社会福祉の共通基盤は、目的と価値を中核として、ほとんど見当たらない。万が一、これらの共通基盤を見い出して、基礎資格をつくるとすれば、それは、極端に基礎的な階層においてでしか認識することはできないだろう。つまり、初歩的なコミュニケーションの方法や記録の書き方などが想定される。しかし、たとえ、このような原初的な領域であったとしても、専門性の目的と価値が異なれば、実践における問題の捉え方はやはり変わってしまう。よって、私は、上記の専門職の共通基盤は、つ

五章　「地域共生社会」の背景にあるもの　223

くることはできないし、そのようなことを目指すべきでもないと考える。逆説的に言えば、「守備範囲」の限界があるからこそ、自らの限界を認識しているからこそ私たちは専門職といえるのであり、仮に、そうでないならば、私たちのことを誰も専門職とは認めてくれないだろう。

　ただし、このことは四章と十章で叙述するソーシャルワーク専門職団体の統合や、社会福祉士と精神保健福祉士による資格統合の議論とは一線を画する見解となる。なぜならば、これらは、翻って、ソーシャルワークという共通基盤があるところから分裂していった経緯があるからだ。ここで批判しているのは、医療と介護、保育、ソーシャルワークという本来は明らかに異なる分野であり、共通性の狭い関係にある専門職間において、その共通基盤を強引に創出しようとしていることにある。

　ソーシャルワーク内部における資格や団体間の統合を除いて、以上で述べてきたように、もし、医療と社会福祉等の共通基盤を抽出して基礎資格を確立するならば、現在ある諸資格の更に下の（専門性を幾段階にも落とした）階層に資格を設けることになる。そもそも、上記の諸資格については、その位置づけとして、資格を保持することが目的ではなく、資格保有は専門性を高めるための入り口にあたると解釈されてきたはずだ。であればこそ、人びとの権利擁護に資するために私たちが専門性を高めるには、今ある資格や専門性の下層を開拓するのではなく、例えば、「認定社会福祉士」や「認定上級社会福祉士」などのより高い専門性を想定したものを創出していく必要性が生じてくる。

　因みに、私は、ソーシャルワークにおいては、資格と団体統合を提唱しているが、このことによって、ソーシャルワークの各分野の専門性を高めることに反対しているのではない。そうではなく、本来は確たる共通基盤があるにもかかわらず、その確立が不十分なまま、領域拡大が進められており、それがソーシャルワーク機能の細分化や技術への偏重へと繋がっていて、ソーシャルワークに対する共通理解とアイデンティティの瓦解が始まりつつあることを危惧しているのだ。よって、現在のソーシャルワーク

に求められていることは、本質的に一体化すべき専門領域の再統合と併せて、それぞれの分野における専門性を高めていくことの共同歩調をとることにある。

他方で、政府の示す「新福祉ビジョン」や「我が事・丸ごと」では、医療と社会福祉等の理論的にも実践的にもあり得ない専門職の共通化を目指すと同時に、専門性の低下を促進するきらいがあるのである。

では、政府の真の狙いはどこにあるのだろうか。「新たな福祉サービスのシステム等のあり方検討プロジェクトチーム」の提言には以下のくだりがある。

> 「人口減少が進み、一層人材の確保が難しくなる一方で、全世代・全対象型地域包括支援を確立するために、これまで以上に充実したサービスを提供し続けることが求められる。こうした二つの命題を満たし、福祉を持続可能なものとするためには、人材の生産性を向上させることと、効率的なサービス提供体制の構築が不可欠である。このため、生産性の向上や業務の効率化を図り、少ない人数でのサービス提供が可能となるような、これからも続く人口減少社会においても持続可能な、将来を見据えた福祉サービスのあり方を検討する」。

つまり、あらゆる対象者に対応できる専門職を養成することによって、専門職確保と配置、育成の効率性に寄与させていくことがその目的であるようだ。確かに、ある特定の対象者にしか対応ができない専門職の配置は、その対象者が増減することによって"非効率"を生みだすだろう。幅広い対象者に対応できる専門職が養成できれば、サービス提供の"重複"や"無駄"を省けるかもしれない。同じ専門職が、状況に応じて、ある時は児童を対象に、ある時は、高齢者、またある時は、障害者といった具合に対応できるのだから。

しかし、これではサービスの質向上につながらないことは明白である。

五章 「地域共生社会」の背景にあるもの　225

今ある専門職の下に、新しい専門職をつくることで、確実に専門性の低下を来たすであろう。加えて危惧するべきことは、専門性の混乱と希釈が生じる可能性にある。つまり、基礎的な目的・価値・知識・技術が異なるものを混同すれば、今まで積み上げてきた体系の根幹が揺さぶられかねない。さらに言えば、揺さぶられるべき対象は、医療職ではなく、社会福祉職の方であろう。なぜならば、医療の方が長い歴史を持ち、体系が強固であることと同時に、人びとの体の内部の問題を主として取り上げるケアの領域においては、そこだけに焦点化した場合、人間の欲求段階のうち、より優先度の高い生命の維持・進展に携わる医療職の論理が優先されることが予見されるからだ。このことは、ケアワークのみならず、これまで指摘してきたように、「人びと」の内辺の問題への焦点化が顕著なソーシャルワークにも当てはまる。

　いみじくも、1997年以降のイギリスにおける「組織の一体化」「サービスの統合」への潮流に対するイアン＝ファーガスンによる以下の指摘はこのことを十分に前知させてくれる。

　　　「しかし、統合と共同には否定的な側面もある。実際には、保健に基盤を置いた専門職のような強力な専門職や諸機関が、ソーシャルワークやボランティア部門の組織のようにあまり組織化されていなかったり、あまり知られていない専門職や諸機関を犠牲にして、支配的になる傾向がある。さらには（中略）、専門職としての脆弱なアイデンティティと相まった組織的な基盤の喪失が、ソーシャルワークのような専門職を事実上の消失に導いてしまうこともある[14]」。

　この様に「新福祉ビジョン」や「我が事・丸ごと」は、社会福祉専門職の専門性を大きく混乱させ、減退させる“成果”を上げることになるだろう。

＊14　イアン＝ファーガスン（2012）『ソーシャルワークの復権　新自由主義への挑戦と社会正義の確立』（石倉康次・市井吉興訳）クリエイツかもがわ、P.86

「地域共生社会」の危険性と可能性

　如上の話を総括すれば、まず「地域共生社会」は、「まち・ひと・しごと創生」や「ニッポン一億総活躍プラン」という厚生労働省の枠組みを越えた閣議決定より端を発しており、また「地域包括ケア」においては、給付抑制論と選別・制限主義が基盤に据えられていることがわかるだろう。これらを読み解くと、その目的が、社会福祉の理念のみならず、経済成長を前提とした生産性と効率性の向上にあることがわかる。

　仔細な点を挙げればきりがないが、概ね以上で取り上げた点は踏まえておく必要がある。つまり、経済の効率性を重視し、費用抑制をはかるために、「地域包括ケア」や「地域共生社会」の重要性を意図的に高めている側面があることは、ソーシャルワーカーが押さえておくべき事実であるといえる。ここを認識しておかなければ、「自己責任」を地域に蔓延させることや地域住民を「サービス提供者」として位置づけること、付加的な財政的担保がなされない一方で、社会福祉専門職の労力が増大し、彼らの多くが「バーンアウト」してしまうことなどに、ソーシャルワーカー自らが加担してしまいかねないからだ。

　では、この「いわくつき」の「地域包括ケア」や「地域共生社会」は、いっそのこと度外視してしまって、私たちは独自にソーシャルワークの進展を図ればよいのだろうか。実は、世界的にみても、ソーシャルワーカーの多くは法律・制度的に位置づけられた仕事に従事している[15]。そして、私自身は、制度の運用面における柔軟性及び人びとの権利性の担保、公的機関の組織体質の改良（特に組織内におけるソーシャルワーク機能の維持・向上）などの観点からそれを一方的に悪いことだとは捉えていない。このことから、ソーシャルワーカーは、これら政府の施策について、上記の懸念を受け止めながら、それに乗らざるを得ないというのが現実的な対応と

＊15　サラ＝バンクス（2016）（前掲＊2）

なるように思う。

　であるならば、ソーシャルワークは何を見据えて地域社会と対峙すれば
よいのだろうか。それは費用抑制に貢献するために、地域住民を「サービ
ス提供者」へと誘導することや、サービスの利用を制限するために、「自
助」と「互助」を振りかざすことではない。ソーシャルワークが目指すべ
きは、先程来述べているすべての人間の尊厳保障であり、「本人の暮らし
たい場所で、本人の希望する暮らし」を支援することにある。しかし、残
念なことに、私たちの現場では、人びとの尊厳の毀損がしばしば見受けら
れる。それは、前章までの論述をみれば明らかであろう。ここで、今まで
の議論で示してきた「人間の尊厳を毀損する2つの視座」を改めて確認し
ておく。

　Ⅰ 人びとの社会的権利を保障する社会保障を中心とした（雇用・労働・
　　教育・住宅・文化・芸術・自然環境保全・防災などを含む）制度・
　　政策の減退。
　Ⅱ 人びとの互酬性と多様性、信頼の関係の稀釈。

　「地域共生社会」や「地域包括ケア」は、Ⅰの進捗を促す可能性がある
という点において、人間の尊厳の毀損に加勢する役割が備えられているこ
とは前述の通りである。しかし、Ⅱについてはどうだろう。実は、その展
開のあり方如何によっては、Ⅱの問題を克服する可能性を秘めているのが
「地域共生社会」であり、「地域包括ケア」であるといえるだろう。

　そして、Ⅰの問題を克服する唯一の方法は、財源の確保であり、端的に
言えば増税の促進である。政府と他者に対する信頼の低下している日本に
おいて、であるがゆえに、痛税感の蔓延が顕著である[16]。この事態を打開
するためには、日本の政治と財政の仕組みを変更するしかないだろう。し

＊16　井手英策（2013）『日本財政　転換の指針』岩波新書

かし、これはソーシャルワークの主たる仕事であるとはいいがたい。もちろん、ソーシャルワークは、マクロ領域の「社会変革」にも従事する専門職である以上、財政論に対して積極的な働きかけを仕掛けていかなければならない。しかし、これまで議論してきたように、多くのソーシャルワーカーがそれを担っていくことには現実的な困難が伴う。「社会変革」を伸展させていくためには、このジレンマへの挑戦は避けられない。

　ただここで、一つだけ明らかにしておきたいことがある。それは、財源の確保が難しいことを前提に費用抑制論に与することがソーシャルワークではないということである。ソーシャルワークのとるべき道は、むしろ逆であって、人間の尊厳保障に必要な財政支出を積極的に促すことにある。もちろん、人間の権利擁護が満たされているならばそもそもその必要もないが、そうではない現状を顧みれば、人間の権利保障に必要なサービス及び財源の確保を訴える必要があるだろう。そして、そのためには、増税が不可欠となるということだ。この場で敢えて、このような自明の理について語るのは、この政府の給付抑制論に絡めとられ、そして迎合しているとしか思えない社会福祉専門家の姿をよく目にするからである。経済学の専門家のなかにも、安易な社会保障等の削減に異論を唱え、社会保障等の充足を提言する人たちも多く存在する。であるにもかかわらず、経済学の「素人」としての社会福祉専門家が、費用抑制論に加担している姿は見ていて滑稽である。

　本論に戻すが、「地域共生社会」はⅠの問題を深刻化させかねない一方で、Ⅱの克服に資する素地を有している。地域の課題に地域住民が主体的に向き合う契機となることや、児童・障害・高齢・貧困などの枠組みを乗り越えて、あらゆる暮らしの課題を共通理解すること、そして、これらの活動を通して、多様な立場にある地域住民間の信頼性・互酬性・多様性を高めることに連なる可能性をも秘めている。「人びと」の暮らしに多大な影響を及ぼす地域社会におけるこのような関係構造の変化は、「人びと」の尊厳保障に大きく貢献するであろう。であるがゆえに、政府のこれら政策を、

五章　「地域共生社会」の背景にあるもの　　229

単に給付抑制や実践の効率性を補強するものとしてのみ捉えるのではなく、実践領域においては、そこへの加担を拒否しつつも、地域包摂に依拠したまちづくりや「人びと」の権利擁護の観点から捉え直すことで、人間の尊厳保障に資する取り組みへと昇華させることは可能であると私は考えている。

　このようにみてくると、「地域共生社会」は、人間の尊厳の侵害に連なる危険性があることがわかる一方で、地域住民のエンパワメントや多様性の尊重への取り組みへと連なり、新自由主義社会のもとで失われてきた人びとの社会的連帯の復興に貢献し得ることが認識できるだろう。本書では、一貫して、「地域包括ケア」や「地域共生社会」における新たな流れを、費用抑制という政府の目論みに与することなく、翻って、人びとの権利擁護へと帰結させるべくその理論と方法を追究していく。

あとがき

　ソーシャルワークと地域共生社会の書。しかも、このソーシャルワークに関しては、その切要視されている「社会変革」を中心に理論と実践を盛り込んでみた。その結果、紙幅を大きくはみ出してしまう。このような遠大な題材を一冊の本にまとめること自体が、土台、私の力の及ぶ範疇ではなかったのかも知れない。しかも、このような蹉跌をきたしたことは、実に間髪を容れず二度目のこととなる。

　前著『地域包括ケアから社会変革への道程』においても、饒舌が祟って字数を大幅に超過してしまい、『理論編』と『実践編』に二分冊して頂いた経緯があった。そして、この度も、批評社のご支援により、超過部分を割愛することなく、全文を『上巻』と『下巻』に両分して出版することができた。この場をお借りして、批評社の皆様へ心より御礼申し上げたい。

　反省しながら、冗長となった理由を顧みる。当初からの章立てによって筆を走らせれば、書き添えたい事柄が際限なく溢れてくる。その淵源には、人間の儚さがある。今まで大きな病気などしたことはないが、私自身、人生に終わりがあることを常に感じながら生きている。今こうして執筆している最中にも、もう二度とこれを綴り続けることができなくなるかもしれない。未来のことは誰にもわからない。そして、すべてのことには、必ず終わりがやってくる。しかし、私は、この終わりがあることをむしろ愉しんでいるし、であればこそ、人生はやはり素晴らしいと実感している。私が20代の折、『週刊金曜日』の投書欄に「終わりがあることの素晴らしさ」と題し、そのことを書き下ろしたことがあった。特定非営利活動法人地域

の絆の法人本部の職員が、この文書をいたく気に入ってくれていたことを
思い返す。

　「ありきたり・素人的な表現と笑われるかもしれないが、最近終わ
りのあることの素晴らしさを実感している。同じくありきたりな表現
でこの世のあらゆる物・事柄には終わりがあるのだが、このありきた
りな感覚が実社会ではなんだか稀釈されている様に思われる。
　終わりがあることは素晴らしいことであって終わりがあるからこそ
人間は輝いて生きられる。
　結婚や恋愛・仕事も同じでそれは永遠に続くと約束されているもの
では断じてない。だからこそその間、人は生き生きと輝いていられる
のである。
　恋愛や結婚の話で言うと連れ合いと永遠に一緒にいられる訳ではな
い。死別にせよ破局にせよ必ず終わりが訪れる。だからこそ今お互い
を大切にして生きていけるのだと思う。結婚すれば死ぬまで夫婦であ
ると言う時代は終わったが、まだその義務感・『常識』の呪縛から社
会は解き放たれてはいない。結婚すればお互いがお互いの永遠の連れ
合いとなる様なそんな感覚がどこかに残っていたりする。お互いがお
互いの永遠に約束された連れ合いであると実感した時、人・その関係
はときめきも輝きも失う。終わりがあるという大前提があるからこそ
今この時を大切にしたいと考えるし、相手を大切にしたいと感じるの
である。そういったことを考えると、一般的に結婚より恋愛にときめ
きがあるのはその終わりがあることがより実感される為であると言え
なくもない。人生も同じで『いつかは死ぬ』と実感して初めて自分が
信じる後悔のない道を力強く生きて行けるのだと思う。
　終わりがあることを実感して生きて行くと、色んな事に感動できる
し物事がきらめいて見えてくる。ときめきが生まれる。『終わりがあ

ることの素晴らしさ』と書く所以である」[1]。

　確かに、終わりがあることは素晴らしいことだが、それが「終わる」ま
でにやり遂げなければならないことがある。それは、未来のソーシャルワー
カーに残すべきものを創造する仕事である。当然のことではあるが、私
たちの暮らしは、過去－現在－未来へと連なっている。未来のことは誰に
もわからないが、それでも、人類が生きながらえるための選択肢は、然程
多くは残されていない。また、自然環境の限界や人口構造の変遷の見通し
など一定程度のことは予測ができるようにもなっている。自然環境の臨界
点を鑑みれば、核兵器や原子力発電の廃絶は喫緊の課題となる。これに加
え、遺伝子組み換え作物・環境ホルモン・電磁波・界面活性剤・代替フロ
ン・マイクロプラスチックの問題も早急に克服していく必要があるだろう。
　人口構造の推移をみていけば、日本を含め先進国においては、人口減少
社会に突入し、労働力人口が低減の一途を辿っていく。そんな中、高齢者
人口の増大が顕著にみられ、これに相まって、社会福祉専門職の拡張が求
められている。つまり、社会福祉専門職は、これから加速度的な増加を遂
げていく。このことは、近い将来、私たちの発言力が伸張してくことを物
語っている。
　日本の場合、「団塊ジュニア」と呼ばれる世代が 65 歳を超える 2042 年
辺りが、恐らく、その一つの頂点となるのだと思う。いまから 23 年先の
話である[2]。よって、現下の社会においても、この 23 年後に、社会福祉専
門職が大きな力をもつ可能性がみえている。しかし、今のままの体制で、
23 年後を迎えたとしても、詰まるところ未来の「私たち」には何もでき
ないだろう。なぜならば、23 年後に、私たちの力を最大限発揮させるた

＊1　中島康晴「投書」「終わりがあることの素晴らしさ」『週刊金曜日』2003 年 8 月 29 日、
　　　PP.60-61
＊2　「社説　次の扉へ　人口減少と日本社会　2040 年代への準備は万全か」『毎日新聞』
　　　2019 年 1 月 14 日

あとがき　233

めには、現在なすべき準備を拡充させておかなければならないからだ。

　その一つは、ソーシャルワークを中核とした社会福祉専門職の価値を確立させておくことである。社会福祉専門職が、自らの社会的地位向上にのみ陶酔し、人びとの権利擁護を手放すならば、そのような専門職が台頭すること自体、社会にとっては迷惑というものだ。二つ目に、法律・制度を含めた社会環境を変革していく方途を示し、その実践を後押ししていくことにある。そして、最後に重要なことは、人間の社会的権利の獲得を志向して社会を変えるということは、そこに政治的介入が伴わなければならないということだ。

　昨今の例を挙げれば、児童虐待防止のために「新たな国家資格として子ども家庭福祉士（仮称）の創設」に向けた議論があるが、この動きはまさに政治主導によってなされているようだ。因みに、私自身は、この国家資格の創設に反対の立場をとっている。今求められているのは、ソーシャルワークの分断化ではない。まさに、ソーシャルワークの基盤となる目的・価値・理論・知識・技術の共通理解であり、根源的アイデンティティの確立にあるからだ。いずれにせよ、前ウルグアイ大統領のホセ＝ムヒカも言及するように、私たちはこれらの問題に、「政治的な意思をもって対処しなければならない」。なぜならば、「私たちの抱えている問題の根っこには政治的なものがある」からだ。本書では、主に、前段二つの観点を中心に書き表してきたが、三つ目の視座は、これまで手付かずの状態であるがゆえに、その準備の期間も踏まえ、今から取り組まなければならない論題となっている。

　兎にも角にも、上記の三点は、来たる23年後に照準を合わせ、今から体制を形成しておく必要があるだろう。戦争や侵略を防ぐためには、その一歩を踏み出す前夜の人びとに、それを止めることはもはや不可能であった。その出来事を許容していく法律や制度が、その前の、いや、それより以前に、然したる抵抗もなく整備されてきたがゆえに、人びとの社会的権利の毀損と権力の暴走が起こり、戦争や侵略は始まるのである。つまり、

過去の過ちを防ぐことができたのは、その直前に生きていた人びとではなく、それより前の時代を担っていた人びとであった。そう考えれば、結果として、「特定秘密保護法」・「安全保障関連法」の施行や「組織的犯罪処罰法」の改定を容認してきた私たちは、次の世代の人びとの危機を高めることに随分と加担してしまったことになる。

　以上のことからも、23年先だけではなく、50年・100年先のソーシャルワーカーに対して、現代を生きる私たちが、どのような布石を打っておかなければならないのかを考え行動しておく使命があることがわかるだろう。そして、その責任は極めて大きい。こんなことを考えれば、私は、自らの力の限界を知りつつも、少しでも背伸びをし、これからのソーシャルワーカーに残すべき言葉を書き足してしまうのだ。それが、本書を二分冊にしてしまった理由であると省察している。であればこそ、本書では、私の思いのたけを極力包み隠さず吐露していくつもりだ。所詮人間いつかは死ぬ。その限られた時間において、これから生まれ来るソーシャルワーカーに残すべきものは何かを模索しつつ綴り続けたのが本書である。

　しかし、こんなことも、すべては体のいい言い訳に過ぎないのかも知れない。

著者略歴

●**中島康晴**(なかしま・やすはる)

1973 年 10 月 6 日生まれ。花園大学では、八木晃介先生の下、社会学を中心に社会福祉学を学ぶ。巷で言われる「常識」「普通」に対しては、いつも猜疑心をもって捉えている。1 億 2 千万人の客観性など存在し得ない事実を鑑みると、「普通」や「常識」は誰にとってのそれであるのか、常に思いを巡らせておく必要がある。いわゆる排除される側から常に社会を捉え、社会の変化を促していくことが、実は誰もが自分らしく暮らしていける社会の構築に繋がると信じている。
主な職歴は、デイサービスセンター生活相談員、老人保健施設介護職リーダー、デイサービスセンター・グループホーム管理者。社会福祉専門職がまちづくりに関与していく実践を切要に感じ、2006 年 2 月 20 日、特定非営利活動法人地域の絆を設立。学生時代に参加した市民運動「市民の絆」の名前を端緒として命名。代表理事。
2018 年 9 月 5 日には社会福祉法人地域の空を設立し理事長に就任。
資格
　■認定社会福祉士／■介護福祉士／■精神保健福祉士／■介護支援専門員
役職
　■公益社団法人広島県社会福祉士会会長 (2011 年度～ 2014 年度)・■公益社団法人広島県社会福祉士会相談役 (2015 年度～)・■公益社団法人日本社会福祉士会理事 (2015 年度～)・副会長 （2017 年度～)
その他の活動
　■福山平成大学非常勤講師 （『社会福祉援助技術』：2007 年度～ 2013 年度)／■東北大学大学院教育学研究科博士課程在学中 (2014 年度～)

著書として、『地域包括ケアの理論と実践──社会資源活用術』(単著) (2014 年・日本医療企画)・『地域包括ケアから社会変革への道程【理論編】　ソーシャルワーカーによるソーシャルアクションの実践形態』(単著) (2017 年・批評社)・『地域包括ケアから社会変革への道程【実践編】　ソーシャルワーカーによるソーシャルアクションの実践形態』(単著) (2017 年・批評社)、『ソーシャルワーカー 「身近」を革命する人たち』(共著) (2019 年・ちくま新書) がある。
E-mail：nakasima@npokizuna.or.jp

メンタルヘルス・ライブラリー㊶

「出逢い直し」の地域共生社会【上巻】
──ソーシャルワークにおけるこれからの「社会変革」のかたち

2019 年 10 月 25 日　初版第 1 刷発行

著　者●中島康晴
発行所●批評社
　　　　東京都文京区本郷 1-28-36 鳳明ビル 〒 113-0033
　　　　Phone. 03-3813-6344 Fax. 03-3813-8990
　　　　振替 00180-2-84363
　　　　e-mail book@hihyosya.co.jp
　　　　http://hihyosya.co.jp
印刷・製本●モリモト印刷㈱

乱丁本・落丁本は小社宛お送り下さい。送料小社負担にて、至急お取り替えいたします。
ISBN978-4-8265-0708-0　C0036
ⓒ Nakashima Yasuharu 2019 Printed in Japan

JPCA
日本出版著作権協会
http://www.e-jpca.com/

本書は日本出版著作権協会（JPCA）が委託管理する著作物です。
複写（コピー）・複製、その他著作物の利用については、事前に
日本出版著作権協会（電話03-3812-9424，e-mail:info@e-jpca.com）
の許諾を得てください。

「出逢い直し」の地域共生社会【下巻】
ソーシャルワークにおける これからの「社会変革」のかたち

多様な人びとによる「出逢い直し」が社会変革へ向けて相互理解を創出する

すべての人びとの尊厳を保障する社会保障等のサービスが確立され、ひとり一人の個性が伸ばされていく社会では実現可能だろうか？

ソーシャルワーカーは貧困や差別に直面し、社会から排除されている「人びと」との出逢いから社会を捉え、その改良と変化を促進する。「人びと」とともに「社会のあるべき姿」を模索していくことは、ソーシャルワーカーにしかできない「社会変革」であり、この点において、従来の社会運動とは異なる「新しい社会変革」のあり方を提示できるかも知れない。

未来のソーシャルワーカーに向けた、自負心と挑戦心を鼓舞するための提言

256 ページ／本体価格 2,200 円＋税

【目次】

六章 「地域共生社会」の潜在的機能と可能性
「地域共生社会」の潜在的機能と可能性

七章 「地域共生社会」の陥穽と危険性
「地域共生社会」の陥穽と危険性／「地域共生社会」をどのように受け止め、そして、受け流すべきか／真の地域共生社会を志向する

八章 「出逢い直し」を敷衍させる「地域の絆」の実践基盤
「地域の絆」の概要と実践の基盤／「状況に埋め込まれた学習」を意図した実践

九章 「出逢いの不在」と「出逢いの失敗」を乗り越える「出逢い直し」の方途
地域包摂・地域変革へ向けた「出逢い直し」の実践事例／「出逢い直し」の基盤となる方途

十章 今あらためて問うソーシャルワークの専門性
今求められる社会を捉える力／「社会変革」の停滞を打破するために／ソーシャルワークの展望

批評社